Brève histoire du progrès

DU MÊME AUTEUR

On Fiji Islands, Markham, Viking, 1986

Cut Stones and Crossroads: A Journey in Peru, Markham, Viking, 1986

Time Among the Maya, Markham, Viking, 1989

Stolen Continents: Conquest and Resistance in the Americas, Toronto, Viking, 1991

Home and Away, Toronto, Alfred A. Knopf Canada, 1993

A Scientific Romance, Toronto, Vintage Canada, 1997

Henderson's Spear, Toronto, Alfred A. Knopf Canada, 2001

La Sagaie d'Henderson (*Henderson's Spear*), traduit de l'anglais par Henri Theureau, Arles, Actes Sud, 2005

RONALD**WRIGHT**

Brève histoire du progrès

Traduit de l'anglais par Marie-Cécile Brasseur

Constantes

Catalogage avant publication de Bibliothèque et Archives Canada

Wright, Ronald

Brève histoire du progrès

(Collection Constantes)
Traduction de: A short history of progress.
Comprend des réf. bibliogr.

ISBN 2-89428-856-5

1. Progrès - Histoire. 2. Civilisation - Histoire. 3. Environnement –
Dégradation. I. Titre. II. Collection.

CB69.W7514 2006   303.44'09   C2005-942506-7

Les Éditions Hurtubise HMH bénéficient du soutien financier des institutions
suivantes pour leurs activités d'édition :

· Conseil des Arts du Canada ;
· Gouvernement du Canada par l'entremise du Programme d'aide au
  développement de l'industrie de l'édition (PADIÉ) ;
· Société de développement des entreprises culturelles du Québec (SODEC) ;
· Programme de crédit d'impôt pour l'édition de livres du gouvernement du
  Québec

Maquette de la couverture : Olivier Lasser
Image de la jaquette : Michael Kelley / Getty Images
Maquette intérieure et mise en page : Andréa Joseph [PageXpress]
Traduction : Marie-Cécile Brasseur

Éditions Hurtubise HMH ltée   DISTRIBUTION EN FRANCE :
1815, avenue De Lorimier   Librairie du Québec
Montréal (Québec) H2K 3W6   DNM / Distribution du Nouveau Monde
                                      30, rue Gay-Lussac
                                      75005 Paris
                                      www.librairieduquebec.fr

ISBN 2-89428-856-5

Dépôt légal : 1er trimestre 2006
Bibliothèque nationale du Québec
Bibliothèque nationale du Canada

Imprimé au Canada
www.hurtubisehmh.com

Pour ma mère,
Shirley Phyllis Wright

Autrefois [...]
Personne ne fendait le sol avec la charrue brutale
    Et aucun arpenteur n'y traçait des limites.
Pas de mouvements de rames, qui s'enfoncent et
soulèvent la mer :
    Sa rive était pour le mortel la borne ultime.
Contre toi-même, nature humaine, tu as été des plus
habiles
    Et tu t'es trop bien ingéniée à te nuire :
À quoi t'a-t-il servi de ceindre les villes de murailles
et de tours ?
    À quoi t'a-t-il servi d'armer des mains rivales ?

Ovide, *Amours*, Livre troisième[*]

---

[*] Traduit du latin et présenté par André Daviault et Philippe
Heuzé, Paris, Payot et Rivages, 1996.

Table des matières

Remerciements

Merci à Bernie Lucht et à John Fraser pour leur appui.

À Martha Sharpe chez Anansi et à Philip Coulter de la CBC, pour leur habile révision et leurs suggestions judicieuses.

À Richard Outram, à Farley Mowat, à Brian Brett et à Jonathan Bennett, pour avoir eu la bonté de lire le manuscrit et pour les nombreux commentaires indispensables.

Et comme toujours, à ma femme, Janice Boddy, pour sa lecture attentive et ses conseils pénétrants.

Chapitre premier

Les questions de Gauguin

Le peintre et écrivain français Paul Gauguin — au dire de tous, dément, méchant et de fréquentation dangereuse — souffrait intensément du vertige cosmologique provoqué par l'œuvre de Darwin et celle d'autres scientifiques de l'époque victorienne.

Dans les années 1890, Gauguin quitte Paris, sa famille et sa carrière de courtier pour aller peindre (et coucher avec) des jeunes femmes indigènes des tropiques. À l'exemple de tant d'âmes troublées, il ne peut se fuir lui-même si facilement, bien qu'il s'y efforce grandement, aidé par l'alcool et l'opium. À la base de son agitation se trouve le désir de retrouver ce qu'il appelle le « sauvage », l'homme (et la femme) originaire, l'humanité brute, l'insaisissable essence de notre espèce. Cette quête l'amène finalement à Tahiti et dans les îles du Pacifique, où les traces du monde précédant l'implantation européenne — monde qui, à ses yeux, n'a pas déchu — persistent sous la croix et le *Tricolore*.

En 1897, un vapeur postal qui accoste à Tahiti apporte une nouvelle terrible. Aline, l'enfant préférée de Gauguin, est morte soudainement de la pneumonie. Après des mois de maladie, de pauvreté et de désespoir

suicidaire, l'artiste puise à même son chagrin pour produire un vaste tableau — conçu comme une murale plutôt qu'une toile[1] — dans lequel il exige des réponses à
l'énigme de l'existence, comme on le fait à l'époque victorienne. Il trace à grands traits le titre sur l'image : ce sont
trois questions d'enfant, simples mais profondes : « *D'où
venons-nous ? Que sommes-nous ? Où allons-nous ?* »

L'œuvre est un panorama tentaculaire de formes
énigmatiques évoluant dans un décor qui pourrait être
les bosquets de la païenne Tahiti ou un éden indisci-
pliné ; des fidèles ou des dieux ; des chats, des oiseaux,
une chèvre au repos ; une grande idole à l'expression
sereine et dont les mains levées semblent pointer vers
l'au-delà ; un personnage central cueillant des fruits ;
une Ève, mère de l'humanité, qui n'est pas une innocente volupté comme les autres femmes dans l'œuvre de
Gauguin, mais une mégère desséchée, dont l'œil perçant
rappelle une momie péruvienne. Un autre personnage se
tourne, étonné, vers un jeune couple humain qui, comme
l'écrivait l'artiste, « ose envisager sa destinée[2] ».

La troisième question de Gauguin — Où allons-
nous ? — est celle dont je veux traiter dans ce livre. Cela
peut sembler une question à laquelle il est impossible de
répondre. Qui peut prédire le cours de l'humanité dans
le temps ? Mais je pense que nous sommes en mesure d'y
répondre *grosso modo* en répondant d'abord aux deux
autres questions. Si nous voyons clairement ce que nous
sommes et ce que nous avons fait, nous pouvons discer-
ner les comportements humains qui ont persisté à travers bien des époques et des cultures. Ce savoir peut
nous montrer ce que nous allons probablement faire, la
direction que nous sommes susceptibles d'emprunter
désormais.

Notre civilisation, qui subsume la plupart de ses
prédécesseurs, est un grand vapeur qui s'avance à plein

régime dans l'avenir. Il navigue plus vite, va plus loin et porte une charge plus lourde que jamais auparavant. Il se peut que nous ne puissions parer à tous les écueils et à tous dangers, mais si nous lisons le relèvement au compas et l'erre en avant, si nous savons comment il est conçu, si nous connaissons sa fiche de sécurité et les compétences de son équipage, nous pouvons, je pense, tracer une route sensée entre les défilés et les icebergs qui pointent à l'horizon.

Et je crois qu'il est impératif de le faire sans tarder, parce qu'il y a trop d'épaves derrière nous. Le vaisseau sur lequel nous naviguons n'est pas simplement le plus gros de tous les temps ; c'est le seul à notre disposition. L'avenir de tout ce que nous avons accompli depuis que notre intelligence a évolué dépendra de la sagesse de nos actions au cours des quelques prochaines années. Comme toutes les créatures, les humains ont jusqu'à maintenant procédé par tâtonnement pour se faire une place au soleil ; contrairement aux autres créatures, notre présence est si colossale que nous ne pouvons plus nous payer le luxe d'errer. Le monde est devenu trop petit pour nous pardonner quelque grave erreur.

En dépit de certains événements du XXᵉ siècle, la plupart des gens appartenant à la tradition culturelle occidentale continuent de croire en l'idéal victorien du progrès, une croyance succinctement définie par l'historien Disney Pollard en 1968 comme « la supposition que l'histoire de l'humanité change suivant un modèle [...] que ce modèle consiste en changements irréversibles dans une seule direction, et que cette direction va vers l'amélioration[3] ». L'apparition même sur terre de créatures qui peuvent édifier une telle pensée porte à croire que le progrès est une loi de la nature : le mammifère est plus intelligent que le reptile, le singe plus subtil que le bœuf, et l'homme, le plus doué de tous. Notre culture technologique mesure le progrès humain à l'aide de la technologie : le bâton est meilleur que le poing, la flèche meilleure que le bâton, et la balle meilleure que la flèche. Nous en sommes venus à cette croyance pour des raisons empiriques : parce que l'expérience l'a démontrée.

Pollard signale que l'idée du progrès matériel est très récente — « importante seulement depuis environ les trois derniers siècles[4] » — et coïncide de près avec l'essor de la science et de l'industrie et le déclin correspondant des croyances traditionnelles[5]. Nous pensons à peine au progrès moral, une préoccupation jadis primordiale, sauf pour présumer qu'il va de pair avec le progrès matériel. Nous tendons à croire que les gens civilisés n'ont pas seulement meilleure odeur, mais qu'ils se comportent mieux que les barbares et les sauvages. Cette notion ne tient guère debout devant le tribunal de l'histoire, et j'y reviendrai au prochain chapitre quand j'examinerai ce que l'on entend par « civilisation ».

Notre foi pratique dans le progrès s'est ramifiée et endurcie en une idéologie, une religion séculaire qui, à l'exemple des religions que le progrès a contestées, ne voit pas les failles dans ses états de service. Le progrès est donc devenu « mythe » au sens anthropologique. Je n'entends pas par cela une croyance fausse ou peu convaincante. Les mythes qui ont du succès sont puissants et souvent partiellement vrais. Comme je l'ai écrit ailleurs : « Qu'il soit réel ou imaginé, le mythe est un agencement du passé selon des motifs qui renforcent les valeurs et aspirations les plus profondes d'une culture [...]. Les mythes sont si lourds de sens que nous vivons et mourons en accord avec eux. Ce sont les cartes dont se servent les cultures pour naviguer dans le temps[6]. »

Le mythe du progrès nous a parfois bien servi — ceux d'entre nous qui sommes assis aux meilleures tables en tout cas — et pourrait continuer de le faire. Cependant, je soutiendrai dans ce livre qu'il est aussi devenu dangereux. Le progrès a une logique interne qui, au-delà de la raison, peut mener à la catastrophe. Le sentier séduisant du succès pourrait bien finir dans un piège.

Prenez les armes, par exemple. Depuis que les Chinois ont inventé la poudre à canon, il y a eu d'énormes progrès dans la fabrication des bangs : du pétard au canon, de la pyrotechnique aux projectiles explosifs à fragmentation. Et juste au moment où les explosifs à grande puissance touchaient à la perfection, le progrès a trouvé un bang infiniment plus gros dans l'atome. Mais lorsque le bang que nous sommes capables de fabriquer peut détruire notre monde, nous avons un peu trop progressé.

Plusieurs des scientifiques qui ont créé la bombe atomique ont réalisé cela dans les années 1940 et ont dit, aux politiciens entre autres, que les nouvelles armes devaient être détruites. « La puissance déchaînée de l'atome a tout changé, sauf nos modes de pensée, écrivait Albert Einstein, et nous glissons ainsi vers des catastrophes sans précédent. » Quelques années plus tard, le président Kennedy disait : « Si l'humanité ne met pas fin à la guerre, la guerre mettra fin à l'humanité. »

Quand j'étais enfant, dans les années 1950, le nuage obscur d'un progrès excessif en armement — Hiroshima, Nagasaki, les îles vaporisées du Pacifique — s'était déjà déployé sur le monde. Il a obscurci notre vie pendant quelque soixante ans, et le sujet a fait couler tellement d'encre que je n'ai pas besoin d'en ajouter davantage[7]. Ce que je veux dire ici, c'est que la technologie de l'armement a simplement constitué le premier secteur du progrès humain à atteindre l'impasse en menaçant de détruire la planète sur laquelle elle s'est développée.

À l'époque, ce piège du progrès était perçu comme une aberration. Dans d'autres domaines, y compris ceux de l'énergie nucléaire et des pesticides chimiques, la foi dans le progrès restait largement inébranlable. Une publicité des années 1950 montrait une « Mme 1970 » souriante qui, ayant acheté la bonne marque d'aspirateur, pouvait apprécier l'avenir à l'avance. La voiture de l'année avait une allure différente de celle de l'année précédente (surtout lorsqu'elle ne l'était pas). « Plus grosse, plus large, plus longue ! » chantaient les filles dans une ritournelle publicitaire, les fabricants d'automobiles de l'époque, comme ceux d'aujourd'hui, cherchant à convaincre que « plus c'est gros, meilleur c'est ». Et les paysans étaient débarrassés de la vermine à l'aide de généreux épandages de DDT dans ce qu'on a fini par appeler le tiers-monde, cette tapisserie effilochée de cultures non occidentales perçues comme une relique « arriérée », déchirée entre les superpuissances. Dans ses versions tant communiste que capitaliste, la grande promesse de la modernité était le progrès sans limites et sans fin.

L'effondrement de l'Union soviétique en a amené plus d'un à conclure que, tout compte fait, il n'y avait qu'une seule avenue au progrès. En 1992, Francis Fukuyama, ancien cadre du Département d'État américain, a déclaré que le capitalisme et la démocratie étaient la « fin » de l'histoire — non seulement sa destination, mais son but[8]. Les sceptiques ont signalé que le capitalisme et la démocratie ne faisaient pas nécessairement la paire, citant en exemple l'Allemagne nazie, la Chine moderne et l'archipel mondial des tyrannies de négriers. Pourtant, le triomphalisme naïf de Fukuyama a renforcé la conviction, surtout parmi la droite politique, que ceux qui n'ont pas choisi la véritable voie du progrès devraient être amenés — forcés si nécessaire — à le faire pour leur propre bien. À cet égard, et vu les motifs égoïstes qu'elle cache, l'idéologie actuelle du progrès ressemble aux projets missionnaires des empires du passé, que ce soit l'Islam du XVIIe siècle, l'Espagne du XVIe ou la Grande-Bretagne du XIXe.

Depuis la fin de la guerre froide, nous avons tenu la menace nucléaire en échec, mais nous n'avons pas commencé à réparer l'irréparable. Pourtant, nous nous affairons à déployer d'autres forces prodigieuses — la cybernétique, la biotechnologie, la nanotechnologie — dont nous espérons qu'elles seront de bons outils, mais dont nous ne pouvons prédire les conséquences.

La menace la plus pressante, toutefois, pourrait bien être rien de moins enchanteur que celle de nos propres déchets. Comme la plupart des problèmes en technologie, la pollution est un problème d'échelle. La biosphère aurait peut-être été capable de tolérer nos vieux amis malpropres, le charbon et le pétrole, si on les avait brûlés graduellement. Mais combien de temps pourra-t-elle encore supporter une flambée de consommation si frénétique que la face cachée de la planète rougeoie comme un charbon ardent dans la nuit spatiale?

Alexander Pope a dit, non sans snobisme, qu'un peu de savoir est une chose dangereuse; plus tard, Thomas Huxley a posé la question: « Où est l'homme qui possède assez pour être à l'abri de tout danger[9]? » La technologie crée l'accoutumance. Le progrès matériel entraîne des problèmes dont la solution exige, ou semble exiger, plus de progrès. Encore ici, le péril se trouve dans l'échelle: un bon bang peut avoir son utilité; un meilleur bang peut causer la fin du monde.

Jusqu'ici, j'ai parlé de tels problèmes comme s'ils étaient purement modernes et issus de la technologie industrielle. S'il est vrai, cependant, que le progrès assez puissant pour détruire le monde est effectivement moderne, le péril de l'échelle qui transforme les avantages en pièges nous harcèle depuis l'âge de la pierre. Ce péril vit en nous et se manifeste chaque fois que nous prenons la nature de vitesse, renversant l'équilibre entre intelligence et imprudence, entre nécessité et cupidité.

Les chasseurs du Paléolithique qui ont appris à tuer deux mammouths au lieu d'un avaient fait du progrès. Ceux qui ont appris à en tuer 200 — en faisant culbuter un troupeau au bas d'un escarpement — en avaient fait bien trop. Ils ont mené la grande vie pendant un temps, puis ce fut la famine.

Nombre des grandes ruines qui enjolivent les déserts et les jungles de la terre sont des monuments aux pièges du progrès, les stèles funéraires de civilisations victimes de leur propre succès. Dans le destin de ces sociétés, qui furent puissantes, complexes et brillantes, se trouve la leçon la plus instructive pour la nôtre. Leurs ruines sont des épaves marquant les écueils du progrès. Pour employer une analogie plus moderne, disons que ce sont des avions de ligne dont la boîte noire peut nous dire ce qui a cloché. Je veux lire ici le contenu de certaines de ces boîtes dans l'espoir que nous puissions éviter de répéter les erreurs passées de conception, de plan de vol et de choix d'équipage. Bien sûr, les particularités de notre civilisation diffèrent de celles des précédentes, mais pas autant qu'on aime à le penser. Toutes les cultures, celles du passé comme celles du présent, sont dynamiques. Même celles qui ont bougé le plus lentement furent, à la longue, une œuvre en cours d'élaboration. Bien que les faits diffèrent dans chaque cas, les tendances dans le temps se ressemblent de manière inquiétante, mais aussi rassurante. La constance de nos erreurs devrait nous inquiéter, mais elle est aussi encourageante puisqu'elle nous aide à comprendre. Il faut nous préoccuper de la constance de nos erreurs, mais nous en rassurer puisqu'elle rend ces erreurs utiles dans la compréhension de ce qui nous attend aujourd'hui.

À l'exemple de Gauguin, nous préférons souvent penser au passé profond comme à une période innocente et naturelle, une époque de facilité et de simple abondance avant l'expulsion du paradis. Les mots « Éden » et « Paradis » figurent en évidence dans les titres d'ouvrages populaires sur l'anthropologie et sur l'histoire. Aux yeux de certains, l'éden était le monde préagricole, l'âge de la chasse et de la cueillette ; pour d'autres, c'était le monde précolombien, les Amériques avant l'homme blanc ; et pour beaucoup, c'était le monde préindustriel, la longue immobilité avant la machine. À coup sûr, il y a eu de bonnes et de mauvaises époques pour la vie, mais la vérité est que les êtres humains se sont eux-mêmes chassés de l'éden, et l'ont refait tant et plus depuis lors, en souillant leur propre nid. Si nous voulons vivre dans un paradis terrestre, il nous incombe de lui donner forme, de le partager et d'en prendre soin.

En songeant à sa première question — D'où venons-nous ? —, Gauguin aurait probablement convenu avec G. K. Chesterton que : « Quoi qu'il puisse être par ailleurs, l'homme est une exception. [...] S'il n'est pas vrai qu'un être divin a déchu, alors tout ce qu'on peut dire c'est qu'un animal a complètement perdu la tête[10]. » Nous en savons maintenant bien plus sur ce processus long de cinq millions d'années qui a permis au singe de perdre la tête, de sorte qu'il est difficile de nos jours de recréer le choc ressenti dans le monde entier lorsque les implications de la théorie de l'évolution sont devenues explicites.

En 1600, Shakespeare faisait dire à Hamlet : « Quel chef-d'œuvre que l'homme ! Qu'il est noble dans sa raison ! Qu'il est infini dans ses facultés ! [...] par l'action, semblable à un ange ! par la pensée, semblable à un Dieu[11] ! » Son auditoire aurait partagé avec Hamlet ce mélange d'émerveillement, de mépris et d'ironie devant la nature humaine. Mais rares auraient été ceux, s'il en fut, doutant qu'ils étaient faits comme le leur enseignait la Bible. Dieu dit : « Faisons l'homme à notre image, à notre ressemblance. »

Ils étaient prêts à passer outre aux aspérités théologiques que posent le sexe, la race et la couleur. Dieu était-il noir ou blond ? Avait-il un nombril ? Et qu'en était-il du reste de son appareil physique ? De telles choses ne pouvaient soutenir une réflexion trop poussée. Notre parenté avec les singes, qui semble maintenant si évidente, était insoupçonnée ; les singes étaient vus (si, en fait, on pouvait les voir, chose rarissime dans l'Europe de cette époque) comme une parodie de l'homme, et non pas comme cousins ou possibles aïeux.

Pour autant qu'ils y pensaient, la plupart des gens en 1600 croyaient que ce que nous appelons maintenant la méthode scientifique ne ferait simplement qu'ouvrir et illuminer la grande mécanique mise en place par la Providence à mesure que Dieu jugeait bon de laisser les humains admirer son œuvre. Les pensées troublantes de Galilée sur la structure des cieux étaient une bombe non explosée, non prouvée, non assimilée. (Hamlet souscrit toujours à l'univers d'avant Copernic, « ce dais splendide ».) L'inévitable collision entre la foi spirituelle et la preuve empirique était à peine entrevue. La plupart des surprises vraiment importantes — l'âge de la terre, l'origine des animaux et de l'homme, la forme et l'échelle des cieux — restaient à venir. La plupart des gens en 1600 étaient bien plus alarmés par les prêtres et les sorcières que par les philosophes de la nature, encore que la démarcation entre ces trois-là fût souvent brouillée.

À partir de la définition biblique de l'homme et du principe plein de bon sens voulant que qui se ressemble s'assemble, Hamlet pense savoir ce qu'est un être humain, et la plupart des Occidentaux ont continué de penser qu'ils savaient ce qu'ils étaient pendant encore 200 ans. Le problème du doute rationnel sur la question de nos origines ne s'est pas installé avant le XIXe siècle, lorsque les géologues ont réalisé que la chronologie de la Bible ne pouvait expliquer l'ancienneté qu'ils lisaient dans la roche, les fossiles et les sédiments. Certaines civilisations, notamment maya et hindoue, présumaient que le temps était vaste ou infini, mais la nôtre a toujours entretenu une notion étriquée de la portée du temps. « Le pauvre monde a presque six mille ans », s'exclame Rosalind dans *Comme il vous plaira*[12], estimation typique dérivée de la vie patriarcale, des « engendra » bibliques et d'autres indices de l'Ancien Testament. Un demi-siècle après l'exclamation de Rosalind, l'archevêque Ussher d'Armagh et son contemporain John Lightfoot se sont donné la mission de déterminer précisément le moment même de la Création. « L'homme a été créé par la Trinité, déclare Lightfoot, le 23 octobre 4004 avant J.-C., à neuf heures du matin[13]. »

Tant de précision était nouveau, mais l'idée d'une terre jeune a toujours été essentielle à la vision judéochrétienne du temps considéré comme notion théologique, soit un court voyage, aller simple, de la Création au Jugement dernier, d'Adam à la damnation. Newton et d'autres penseurs ont commencé à exprimer des doutes à cet égard pour des raisons théologiques, mais ils n'avaient ni preuves réelles ni moyens de mettre leurs idées à l'épreuve. Puis, dans les années 1830, alors que le jeune Charles Darwin faisait le tour du monde à bord du *Beagle*, Charles Lyell publia ses *Principes de géologie*, lesquels soutenaient que la terre se transformait graduellement selon des processus toujours à l'œuvre et pourrait donc être aussi vieille que Newton l'avait proposé — quelque chose comme dix fois plus âgée que ne l'autorisait la Bible[14].

Sous le règne de Victoria, la terre a pris un sérieux coup de vieux — des millions d'années par décennie —, assez pour faire de la place au mécanisme évolutionnaire de Darwin et à la collection croissante de lézards géants et de fossiles humains primitifs qu'on déterrait un peu partout dans le monde et qu'on exposait dans South Kensington et au Crystal Palace[15].

En 1863, Lyell publiait un ouvrage intitulé *Preuves géologiques de l'antiquité de l'homme*, et en 1871 (douze ans après la parution de son ouvrage *Sur les origines des espèces*), Darwin publiait *Les Origines de l'homme*. Leurs idées ont été diffusées par des vulgarisateurs enthousiastes, Thomas Huxley au premier chef, célèbre pour avoir dit à l'évêque Wilberforce dans un débat sur l'évolution qu'il préférait admettre avoir un singe pour ancêtre qu'être un ecclésiastique sans souci de la vérité[16]. Par conséquent, l'exclamation d'Hamlet devint une question : « Qu'est-ce exactement qu'un homme ? » À l'instar des enfants qui, à un certain âge, ne sont plus convaincus d'être venus au monde par les bons soins d'une cigogne, un public nouvellement éduqué a commencé a douté de l'ancienne mythologie.

Au moment où Gauguin peignait son chef-d'œuvre à la fin du siècle, les deux premières de ses questions obtenaient des réponses concrètes. Sa compatriote,

Marie Curie, et d'autres chercheurs s'intéressant à la radioactivité découvraient les chronomètres de la nature : des éléments de la roche qui se décomposent à un rythme mesurable. Dès 1907, les physiciens Boltwood et Rutherford pouvaient démontrer que l'âge de la terre s'estime non pas en millions, mais en milliards d'années[17]. L'archéologie a montré que le genre *Homo* était venu sur le tard, même parmi les mammifères, prenant forme bien après que les premiers cochons, chats et éléphants eurent entrepris de parcourir la terre (ou dans le cas des baleines, eurent abandonné la marche pour la natation). « L'homme, écrit H. G. Wells, n'est qu'un parvenu[18]. »

Ce qui est extraordinaire au sujet du développement de l'homme — la seule chose importante qui nous démarque des autres créatures —, c'est que nous avons « influencé » l'évolution naturelle en mettant au point des cultures transmissibles par la parole d'une génération à la suivante. « La parole humaine, écrit Northrop Frye dans un autre contexte, est le pouvoir qui met de l'ordre dans notre chaos[19]. » L'effet de ce pouvoir était sans précédent, car il a permis de créer des outils et des armes complexes, des comportements élaborés et planifiés. Même très simple, la technologie allait entraîner d'énormes conséquences. Les vêtements de base et les abris construits, par exemple, ont ouvert la voie à tous les climats, des tropiques à la toundra. Nous avons devancé le milieu qui nous avait faits et avons entrepris de nous faire *nous-mêmes*.

Bien que nous soyons devenus les créatures expérimentales de notre propre conception, il importe de nous rappeler que nous n'avions pas la moindre idée de ce processus, encore bien moins de ses conséquences, avant les six ou sept dernières de nos 100 000 générations. Nous avons agi tout ce temps en somnambules.

Dame nature a laissé entrer quelques singes dans le laboratoire de l'évolution, a mis la lumière et les a laissés jouer avec une réserve toujours plus grande d'ingrédients et de processus. Depuis ce temps, les effets s'accumulent sur notre espèce et sur le monde entier. Énumérons quelques-unes des étapes entre le passé profond et le présent : pierres acérées, peaux de bête, bouts d'os et de bois utiles, feu indompté, feu maîtrisé, graines à manger, graines à planter, maisons, villages, poterie, villes, métaux, roues, explosifs. Ce qui nous frappe avec le plus de force, c'est l'accélération, la progression emballée du changement — ou pour le dire différemment, l'effondrement du temps. Il a fallu près de trois millions d'années pour passer de la première pierre éclatée à la première fusion du fer ; trois mille ans seulement ont séparé le premier fer de la bombe hydrogène.

L'âge de la pierre taillée, ou le Paléolithique, a duré de l'apparition des hominidés fabricants d'outils, il y a près de trois millions d'années, jusqu'à la fonte du dernier âge glaciaire, il y a environ 12 000 ans. Cela couvre plus de 99,5 pour cent de l'existence humaine. Pendant presque tout ce temps, le rythme du changement était si lent que d'entières traditions culturelles (révélées surtout par leur trousse d'outils de pierre) se reproduisaient, génération après génération, de manière presque identique pendant des périodes de temps stupéfiantes. La mise au point d'un nouveau style ou d'une nouvelle technique aurait pu prendre 100 000 ans ; puis, cela n'a pris que 10 000 ans lorsque la culture a commencé à se ramifier et à se nourrir à sa propre source ; puis, cela n'a pris que quelques milliers ou centaines d'années. Le changement culturel engendra le changement physique et vice versa, créant une boucle de rétroaction.

Nous avons maintenant atteint un tel point que les savoir-faire et les mœurs appris dans l'enfance sont dépassés dès que nous franchissons le cap des trente ans, et peu de gens âgés de plus de cinquante ans sont capables de suivre le rythme de la culture — que ce soit l'idiome, les attitudes, les goûts ou la technologie — même s'ils s'y efforcent. Mais je devance l'histoire. La plupart des gens vivant à l'âge de la pierre taillée n'auraient pas remarqué quelque changement culturel que ce soit. Le monde humain dans lequel pénétrait un individu à la naissance était le même que celui qu'il quittait à sa mort. Bien entendu, les événements variaient — festins, famines, triomphes et désastres locaux —, mais les usages au sein de chaque société ont dû paraître immuables. Il n'y avait qu'une seule façon de faire, une seule mythologie, un seul vocabulaire, un seul recueil d'histoires : les choses étaient tout simplement comme elles étaient.

Il est possible d'imaginer des exceptions à ce que je viens de dire. La génération qui a vu pour la première fois l'emploi du feu, par exemple, a peut-être effectivement réalisé que son monde venait de changer. Mais nous ne pouvons savoir avec certitude combien de temps il a fallu pour que même cette découverte prométhéenne prenne prise. Vraisemblablement, le feu a été *utilisé*, après qu'on l'eut trouvé dans un incendie de forêt ou un volcan, bien avant qu'il soit *préservé*. Et il a été *préservé* pendant bien longtemps avant que quelqu'un découvre qu'il pouvait être *fait*. On se rappellera le film de 1981, *La Guerre du feu*, dans lequel la silhouette agile de Rae Dawn Chong détale dans les champs vêtue de rien, sinon d'une mince couche de boue et de cendres. Le film est basé sur un roman publié en 1911 par l'écrivain belge J. H. Rosny[20]. Encore plus que le film, le livre de Rosny étudie la concurrence mortelle que se livrent divers groupes humains pour monopoliser le feu, tout comme des nations modernes tentent de monopoliser les armes nucléaires. Tout au long des centaines de siècles pendant lesquels nos ancêtres gardaient la flamme sans pouvoir en faire une, éteindre le feu de camp de son rival à l'âge glaciaire équivalait à l'assassinat collectif.

Il est difficile de dater le premier feu maîtrisé. Tout ce que nous savons, c'est que les gens utilisaient déjà le feu il y a au moins un demi-million d'années, peut-être même deux fois ce temps[21]. C'était l'époque de *Homo erectus*, « l'homme à station verticale », qui nous ressemblait assez à partir du cou vers le bas, mais dont le cerveau ne contenait environ que les deux tiers de la capacité moderne. Chez les anthropologues, le débat se poursuit quant à la première apparition de *Homo erectus* et quant à ce qui revient en gros à définir ce stade évolutionniste. Les scientifiques sont encore plus divisés sur la question de savoir si *erectus* pouvait penser ou parler.

Les singes modernes, dont le cerveau est beaucoup plus petit que celui de *erectus*, se servent d'outils simples, ont un savoir considérable sur les plantes médicinales et peuvent se reconnaître dans un miroir. Des études employant un langage non verbal (symboles informatiques, langage gestuel, etc.) montrent que les singes peuvent utiliser un vocabulaire de plusieurs centaines de « mots », quoiqu'il y ait désaccord sur ce que cette compétence nous apprend au sujet de la communication entre singes dans la nature. Une chose est certaine, cependant : différents groupes de la même espèce, par exemple les chimpanzés de parties distinctes de l'Afrique, ont différentes habitudes et traditions qu'ils transmettent aux jeunes tout juste comme le font les groupes humains. Bref, les singes ont un début de culture. Comme en ont d'autres créatures intelligentes, telles que les baleines, les éléphants et certains oiseaux, mais aucune espèce, sauf pour l'humanité, n'a atteint un point auquel la culture devient la force motrice d'une poussée évolutionniste, dépassant des contraintes environnementales et physiques.

La lignée joignant l'homme au singe s'est scindée il y a quelque cinq millions d'années et, comme je l'ai mentionné, les hominidés qui fabriquaient des outils de pierre rudimentaires sont apparus quelque deux millions d'années plus tard. Il serait donc ridicule de sous-estimer les compétences de *Homo erectus* qui, alors qu'il réchauffait ses durillons près du feu de camp il y a un demi-million d'années, avait parcouru les neuf dixièmes du chemin qui nous sépare du singe ancestral. Le feu ayant été dompté, la première progression apparut dans la courbe des populations humaines. De toute évidence, le feu allait faciliter la vie dans de nombreux milieux. Il gardait les cavernes chaudes et faisait fuir les grands prédateurs. Cuire et fumer les aliments augmentaient largement les réserves de nourriture disponibles. Brûler les broussailles élargissait les pâturages du gibier. Il est maintenant admis que nombre des espaces soi-disant naturels habités depuis les temps historiques par les chasseurs et cueilleurs, les Prairies nord-américaines et l'intérieur australien, par exemple, ont été formés par des incendies allumés délibérément[22]. « L'homme, écrit le grand écrivain et anthropologue Loren Eiseley, est lui-même une flamme. Il a brûlé le monde animal de part en part et s'en est approprié les vastes réserves de protéines[23]. »

Le dernier grand développement sur lequel les experts s'entendent est que *Homo erectus* est apparu en Afrique, foyer de tous les hominidés, et qu'il y a un million d'années il vivait dans les zones tempérées et tropicales de l'Ancien Monde, soit la masse terrestre contiguë de l'Eurasie. Cela ne veut pas dire que l'homme à station verticale pullulait, même après qu'il eut maté le feu. Il se peut que moins de 100 000 personnes, dispersées en clans familiaux, aient constitué tout ce qui séparait l'échec évolutionniste des six milliards d'entre nous qui peuplons la terre aujourd'hui[24].

Après *Homo erectus*, la piste évolutionniste se brouille, des tribus rivales d'anthropologues l'ayant transformée en bourbier. Un camp, celui de l'hypothèse dite multirégionale, pense que *Homo erectus* a évolué par à-coups là où il se trouvait jusqu'à l'humanité moderne par le biais de la diffusion génétique ou, en d'autres termes, l'accouplement avec des étrangers. Ce point de vue semble bien concorder avec de nombreuses découvertes de fossiles, mais moins bien avec certaines des interprétations de l'ADN. L'autre camp, l'école « issus de l'Afrique », croit que la plupart des changements évolutionnistes sont survenus sur le continent africain, puis ont débordé sur le reste du monde[25]. Selon ce second point de vue, des vagues successives d'humains nouveaux et améliorés tuent, ou en tout cas, éliminent la concurrence de leurs précurseurs là où ils les trouvent jusqu'à ce que tous les primitifs aient disparu. Cette théorie implique que chaque nouvelle vague d'homme africain était une espèce distincte, incapable de se reproduire avec les descendants du genre précédent ; cela serait plausible si divers types avaient évolué sans contact pendant de longues périodes, mais cela devient moins vraisemblable sur de courtes périodes de temps[26].

Le débat quant au sentier suivi par le progrès humain devient plus houleux lorsqu'on parle de notre cousin controversé, l'homme de Néanderthal. Les Néanderthaliens ont vécu surtout en Europe et dans le nord-ouest de l'Asie en des temps assez récents, bien en deçà de la vingtième partie du périple humain. Un Gauguin néanderthalien dégivré d'un glacier en fonte pourrait se réveiller en demandant : « Qu'étions-nous ? D'où sommes-nous venus ? Où sommes-nous allés ? » Les réponses dépendraient de la personne abordée. Les experts ne peuvent même pas s'entendre sur son nom scientifique.

En chiffres ronds, les Néanderthaliens sont apparus il y a quelque 130 000 ans et ont disparu environ 100 000 ans plus tard. La date de leur « arrivée » est moins certaine que celle de leur départ, mais il semble qu'ils aient évolué à peu près en même temps que les premiers modèles de ce que l'on croit être notre genre moderne, souvent appelé l'homme de Cro-Magnon, du nom d'une grotte de la belle région de la Dordogne, dans le sud de la France, là où les découvertes de fossiles sont les plus riches au monde.

Depuis qu'on les a identifiés pour la première fois, les Néanderthaliens ont été la cible de ce que j'appelle le « paléoracisme », assimilés à de ridicules hommes des cavernes, dépeints comme une race de sous-hommes se traînant les jointures au sol. H. G. Wells les a appelés les Jean-sinistres (*Grisly Folk*) et a fait des suppositions peu flatteuses sur ce à quoi ils pouvaient ressembler : « une extrême abondance du système pileux, une laideur [...] une repoussante étrangeté du [...] front bas, des arcades sourcilières énormes, du cou simien, de sa petite taille[27] ». Nombreux sont ceux qui ont prétendu que les Néanderthaliens étaient des cannibales, ce qui pourrait être vrai puisque nous le sommes aussi, les humains qui leur ont succédé ayant une longue histoire de cannibalisme, et ce, jusqu'aux Temps modernes[28].

Le premier squelette néanderthalien a été découvert en 1856 dans une caverne d'une vallée près de

Düsseldorf, en Allemagne. L'endroit a été nommé d'après le compositeur Joachim Neumann qui, non sans affectation, avait rendu son nom en grec par « Neander ». En anglais, Néanderthalien est simplement « Newman-dale[*] », terme assez pertinent puisqu'un nouvel homme avait été découvert dans une vallée, un nouvel homme âgé d'au moins 30 000 ans. Non que la priorité d'âge de l'homme de Néanderthal ait été immédiatement admise. Les Français, notant l'épaisseur du crâne, avaient tendance à penser qu'il appartenait à un Allemand, alors que les Allemands disaient qu'il appartenait probablement à un Slave, un mercenaire cosaque qui aurait rampé dans une caverne et y serait mort[29]. Trois ans plus tard, en 1859, deux événements sont survenus : Darwin a publié *Sur les origines de l'espèce* et Charles Lyell, examinant les graviers de la Somme (laquelle allait devenir quelque soixante ans plus tard un sinistre abattoir humain), a reconnu dans des silex ébréchés des armes de l'âge glaciaire.

Après que les scientifiques de l'époque eurent compris que le Néanderthalien n'était pas un Cosaque, ils lui ont donné le rôle tout neuf de « chaînon manquant », cette créature insaisissable franchissant d'un bond la page évolutionniste qui nous sépare du singe. Le Nouvel Homme devint l'homme du moment, celui qui « dans son mauvais silence et son mystère allait montrer [...] l'impensable : soit que les humains étaient des animaux[30] ». On présumait qu'il avait une très faible capacité de parole, sinon aucune, qu'il courait comme un babouin et qu'il marchait sur la partie externe des pieds. Toutefois, cette opinion fut infirmée à mesure que de nouveaux os étaient découverts et analysés. Les squelettes les plus assimilables au singe se révélèrent

---

[*] N. d. t. : New = nouveau, man = homme, dale = vallée.

être ceux d'individus souffrant d'ostéoarthrose, des infirmes gravement handicapés qui, de toute évidence, avaient été soutenus des années durant par leur communauté. Il s'avéra aussi que les « Jean-sinistres » non seulement avaient pris soin de leurs malades, mais avaient aussi été les premiers sur terre à enterrer leurs morts suivant des rites religieux — avec des fleurs, de l'ocre et des cornes d'animaux. Après tout, *Homo neanderthalensis* n'était peut-être pas une telle brute. Peut-être mérite-t-il d'être promu à une sous-espèce de l'homme moderne : *Homo sapiens neanderthalensis*. Et si tel est le cas, les deux variantes auraient pu, par définition, se croiser[31].

Avant que les deux groupes ne commencent à rivaliser en Europe, les Cro-Magnons vivaient au sud et les Néanderthaliens, au nord de la Méditerranée. Le Moyen-Orient était alors un carrefour, comme il l'est encore aujourd'hui. Des sites d'habitation montrent que cette région turbulente a été occupée et par les Néanderthaliens et par les Cro-Magnons depuis environ 100 000 ans. Nous ne pouvons dire si les deux groupes y ont jamais habité exactement à la même époque, encore moins s'ils ont partagé la Terre sainte dans l'harmonie. Le plus vraisemblable est qu'ils avaient une sorte d'arrangement par période de jouissance, les Néanderthaliens quittant l'Europe pour aller vers le sud pendant les périodes particulièrement froides de l'âge glaciaire, et les Cro-Magnons quittant l'Afrique pour aller vers le nord lorsque le climat s'est réchauffé. Le plus intéressant est que, selon l'évidence archéologique, la culture matérielle des deux groupes est identique sur une période de plus de 50 000 ans. Les archéologues ont du mal à dire si une caverne donnée a été occupée par des Néanderthaliens ou des Cro-Magnons à moins d'y trouver à la fois ossements et outils. J'y vois une preuve tangible que les deux groupes avaient des aptitudes mentales et linguistiques très similaires, que l'un n'était ni plus primitif ni « moins évolué » que l'autre.

Comme on n'a encore découvert aucun échantillon de chair, de peau ou de cheveu néanderthalien, nous ne pouvons dire si ces gens étaient bruns ou blonds, poilus comme Ésaü ou lisses comme Jacob. Nous n'en savons pas long non plus sur l'apparence superficielle des Cro-Magnons, bien que des études génétiques portent à croire que la plupart des Européens modernes en sont les descendants[32]. Nous ne connaissons ces populations que par le biais de leurs os. Les deux avaient à peu près la même grandeur, soit de cinq à six pieds, et affichaient les variations habituelles entre les sexes. Mais l'un était bâti pour la vigueur, l'autre pour la vélocité. L'homme de Néanderthal était trapu et musclé, comme un lutteur ou un haltérophile professionnel. L'homme de Cro-Magnon était plus mince et gracile, un athlète de piste plutôt qu'un culturiste. Il est difficile de savoir dans quelle mesure ces différences étaient innées et à quel point elles reflétaient l'habitat et le mode de vie. En 1939, l'anthropologue Carleton Coon a dessiné la reconstitution d'un Néanderthalien lavé, rasé, portant complet et cravate, et coiffé d'un feutre mou. Un tel homme, notait Coon, pourrait passer inaperçu dans le métro de New York.

Comme l'indiquent de telles analogies, la variation entre le squelette du Néanderthalien et celui du Cro-Magnon ne va guère plus loin que l'éventail des humains modernes. Mis côte à côte, les restes osseux d'Arnold Schwarzenegger et de Woody Allen pourraient présenter un contraste similaire. Le crâne, cependant, est une autre affaire. Le Néanderthalien soi-disant classique (un terme plutôt trompeur parce qu'il s'est construit lui-même sur la base des exemples les plus marqués) avait un crâne long et bas, avec une arcade sourcilière prononcée à l'avant et une saillie osseuse traversant la nuque, c'est-à-dire le « chignon » néanderthalien. La mâchoire était robuste, la dentition solide, et le menton arrondi, tandis que le nez était large et sans doute épaté. Au premier coup d'œil, la conception paraît archaïque, assez semblable à l'architecture de *Homo erectus*. Mais, comme je l'ai signalé, le cerveau du Néanderthalien était en moyenne plus gros que celui de Cro-Magnon. Le passager de métro dessiné par Coon avait peut-être le crâne épais, mais il n'était pas nécessairement obtus.

Ce à quoi cela se résume, je pense, c'est que les caractéristiques soi-disant archaïques du Néanderthalien n'étaient en fait que la superposition d'adaptations à un climat froid sur un cadre humain essentiellement moderne[33]. Le front haut des gens modernes peut se refroidir au point d'endommager le cerveau, et l'air glacial peut geler les poumons. Le cerveau du Néanderthalien était protégé par une arcade sourcilière massive et par la voûte basse, mais spacieuse. L'air pénétrant dans les poumons néanderthaliens s'était réchauffé dans le grand nez, et tout le visage était mieux approvisionné en sang. Les gens trapus et musclés ne perdent pas la chaleur corporelle aussi rapidement que les personnes minces. Des signes d'une adaptation semblable (du moins en ce qui concerne la forme du corps) se retrouvent chez les Inuits, les Andins et les Himalayens modernes, et ce, après seulement quelques milliers d'années de vie dans un froid intense, par comparaison aux 100 000 ans pendant lesquels les Néanderthaliens d'Europe ont vécu sur la ligne de front de l'âge glaciaire.

Les choses semblent avoir été assez bien pour eux jusqu'à ce que les Cro-Magnons quittent le Moyen-

Orient pour aller vers le nord et l'ouest, il y a environ
40 000 ans. Jusqu'alors, le froid avait été le grand allié
des Néanderthaliens, repoussant tout envahisseur un
jour ou l'autre, comme le fait l'hiver russe. Cette fois-là,
par contre, les Cro-Magnons s'en vinrent pour rester.
L'invasion semble avoir coïncidé avec l'instabilité climatique reliée aux revirements soudains des courants
océaniques qui ont entraîné des gels et dégels de
l'Atlantique Nord au cours de bouleversements étalés
sur à peine une décennie[34]. Des changements tellement
marqués — aussi graves que les pires prédictions
actuelles quant au réchauffement du globe — ont sûre-
ment dévasté les groupements animaux et végétaux dont
dépendaient les Néanderthaliens. Nous savons qu'ils
consommaient beaucoup de gros gibier, qu'ils chas-
saient par embuscade ; certaines de leurs fractures
osseuses ressemblent à celles que subissent les cow-
boys de rodéo et montrent qu'ils s'approchaient de
l'animal pour l'abattre. Et nous savons qu'ils n'étaient
pas habituellement nomades, puisqu'ils occupaient les
mêmes cavernes et vallées à l'année. Les humains en
général ont été surnommés l'espèce « mauvaise herbe »
qui s'épanouit dans des milieux perturbés, mais les
Néanderthaliens formaient le plus enraciné des deux
groupes. Les Cro-Magnons, eux, furent la bruyère
envahissante. Bien sûr, le changement climatique a dû
rendre la vie difficile à tous, mais les conditions instables ont peut-être donné un avantage à ceux dont le
physique était moins spécialisé, plus faibles au combat
rapproché, mais plus rapides sur leurs jambes.

Je me rappelle avoir vu une bande dessinée quand
j'étais à la petite école — je pense que c'était dans la
revue *Punch* — montrant trois ou quatre petits gamins
néanderthaliens se tenant sur une falaise et importu-
nant leur père : « Papa, papa ! Est-ce qu'on va aller jeter

des pierres aux Cro-Magnons aujourd'hui ? » Pendant quelque dix millénaires, il y a de 40 000 à 30 000 ans, les Néanderthaliens postérieurs et les Cro-Magnons primitifs se sont probablement jeté des pierres les uns aux autres, pour ne rien dire de l'extinction de feux de camp, du vol de gibier et peut-être du rapt de femmes et d'enfants. À la fin de cette lutte, dont on ne saurait imaginer la durée, l'Europe et le monde entier appartenaient à notre genre, et le Néanderthalien « classique » avait disparu. Mais qu'est-il arrivé en réalité ? La lignée des Néanderthaliens a-t-elle été emportée, ou a-t-elle été assimilée jusqu'à un certain point ?

La lutte de 10 000 ans s'est déroulée si graduellement qu'elle a pu être à peine perceptible, une guerre intermittente, non décisive, perdue et gagnée à raison de quelques milles au cours d'une vie. Et pourtant, comme toutes les guerres, celle-là a suscité l'innovation. De nouveaux outils et de nouvelles armes sont apparus, de nouveaux vêtements et rituels aussi, les débuts de l'art mural des cavernes (une forme d'art qui allait atteindre son apogée pendant la dernière grande aventure de l'âge glaciaire, après que les Néanderthaliens classiques eurent disparu). Nous savons aussi que le contact culturel s'est fait dans les deux sens. Les sites néanderthaliens postérieurs de France montrent des changements et adaptations survenus à un rythme sans précédent[35]. Arrivées ainsi près de la fin, les implications de la guerre ont dû se faire atrocement évidentes. Il semble que les dernières bandes de Néanderthaliens ont tenu le coup dans les montagnes d'Espagne et de Yougoslavie, repoussées comme des Apaches dans des terrains de plus en plus accidentés.

Si le tableau de guerre que j'ai esquissé a quelque vérité, nous ne pouvons en ignorer les conclusions désagréables. C'est ce qui rend tout le débat néanderthalien si émotif : il ne porte pas seulement sur un peuple ancien, il nous concerne aussi. S'il se trouve que les Néanderthaliens ont disparu parce qu'ils étaient arrivés dans une impasse évolutionniste, on ne peut que hausser les épaules et blâmer la sélection naturelle pour leur destin. Mais s'ils étaient en fait une variante ou une race d'homme moderne, alors nous devons convenir que leur extinction a pu être le premier des génocides. Ou pire encore, pas seulement le premier, mais le premier de ceux dont l'évidence a survécu. Il s'ensuivrait que nous descendons de millions d'années de victoires impitoyables, génétiquement prédisposés par la faute de nos pères à faire comme eux, encore et toujours. Comme l'écrivait l'anthropologue Miford Wolpoff au sujet de cette période, « on ne peut imaginer une population humaine en remplaçant une autre sauf par la violence[36] ». Non, en effet, on ne le peut pas, surtout dans le foyer maculé de sang de l'Europe, parmi ce que laisse présager l'âge de pierre de « la solution finale » et de la tuerie de la Somme.

Dans le contrecoup de la Deuxième Guerre mondiale, William Golding a exploré les génocides anciens dans son extraordinaire ouvrage intitulé *Les Héritiers*. Avec une merveilleuse assurance, Golding conduit le lecteur dans l'esprit d'un groupe sans nom d'humains primitifs. Tiré de Wells, l'épigraphe du livre évoque les Néanderthaliens, même si les spécificités anthropologiques conviennent mieux à un stade bien plus primaire de l'humanité. Le peuple de Golding habite la zone arborée ; ce sont des gens doux, naïfs, aux allures de chimpanzés. Ils ne mangent aucune viande à l'exception de ce que laissent les gros prédateurs ; ce sont de piètres locuteurs qui utilisent la télépathie tout autant que la parole ; ils connaissent le feu mais possèdent peu d'armes, et ils n'ont jamais soupçonné qu'il y avait qui que ce soit d'autre au monde, à part eux-mêmes.

Pourtant, les anachronismes de Golding n'importent pas : ses gens ne correspondent peut-être pas à un lot d'ossements particulier venant du passé réel, mais en représentent un grand nombre. En quelques journées printanières, les habitants de la forêt sont envahis pour la première fois par des gens comme nous, qui, avec leurs bateaux, leurs bûchers, leurs flèches, leurs voix graveleuses, leurs coupes à blanc et leurs orgies d'ivrognes, déconcertent et fascinent les « diables de la forêt » alors même qu'ils les tuent un à un. À la fin, il ne reste qu'un bébé vagissant, gardé par une mère ayant perdu son enfant pour drainer le lait de son sein. Les envahisseurs s'installent dans le nouveau territoire, leur chef complotant d'autres meurtres — cette fois-ci parmi ses semblables — alors qu'il aiguise une arme, « une pointe de lance contre la noirceur du monde ».

Golding ne doutait pas que les sans-pitié eussent été les gagnants de la préhistoire, mais une autre question qu'il soulève demeure non résolue : le sang néanderthalien coule-t-il toujours dans les veines des humains modernes ? Comment croire que pendant une interaction qui a duré 10 000 ans il n'y ait pas eu de relations sexuelles, même sans consensus, entre les intéressés ? Et s'il y a eu des rapports sexuels, y a-t-il eu des enfants ? Jusqu'à maintenant, les études d'ADN sur des restes néanderthaliens n'ont pas donné de résultats concluants[37]. Par contre, le squelette d'un enfant récemment découvert au Portugal indique fortement le croisement de races, comme le font des os trouvés en Croatie et ailleurs dans les Balkans[38].

Je possède aussi la preuve personnelle que les gènes néanderthaliens sont peut-être encore présents en nous. Quelques êtres humains modernes ont des crêtes révélatrices sur la tête[39]. Il se trouve que j'en ai une ; c'est une arête osseuse traversant l'arrière du crâne qui ressemble à la vue et au toucher au chignon néanderthalien. Alors, jusqu'à ce que de nouveaux résultats viennent clore le débat, je choisis de croire que le sang néanderthalien coule toujours, encore que dilué dans la vague de Cro-Magnon[40].

En dépit des nombreux détails qu'il reste à éclaircir sur notre ascendance, le XXe siècle a largement répondu en fait aux deux premières questions de Gauguin. Rationnellement, il n'y a pas de doute possible que nous sommes des singes et que, sans égard au chemin précis que nous avons emprunté dans le temps, nous provenons en fin de compte d'Afrique. Mais contrairement aux autres singes, nous avons trafiqué et le faisons encore plus que jamais avec notre destinée. Il y a belle lurette qu'a disparu cette illusion du siècle des Lumières, l'Homme naturel. À l'exemple de ces Néanderthaliens arthritiques soignés par leur famille, nous ne pouvons pas vivre sans nos cultures. Nous avons rencontré le créateur du « chef-d'œuvre » dont parle Hamlet — et c'est nous-mêmes.

Notes

1. N'ayant pas les moyens d'acheter une vraie toile, Gauguin a peint son chef-d'œuvre sur une longueur de jute.

2. Cité dans Gavan Daws, *A Dream of Islands*, Honolulu, Mutual Publishing, 1980. [Notre traduction comme pour les suivantes, sauf indication contraire.]

3. Sidney Pollard, *The Idea of Progress : History and Society*, Londres, C. A. Watts, 1968, p. 9 *sq*.

4. *Ibid*.

5. Pas seulement les croyances religieuses. L'archéologie de l'époque victorienne définit l'avance technique en termes de métaux, mais les Classiques avaient tiré des conclusions opposées, n'y voyant qu'un glissement vers le médiocre et le corruptible, d'un âge d'or à un âge de bronze, puis de fer.

6. Ronald Wright, *Stolen Continents : Conquest and Resistance In the Americas*, Boston, Houghton Mifflin, 1992, p. 5.

7. Les Américains de la guerre froide au siècle dernier se plaisaient à menacer de « catapulter les Soviétiques jusque dans l'âge de pierre ». Je ne sais pas si les Russes proféraient la même menace, mais elle était certainement crédible. Même si un « duel » nucléaire (comme le voulait l'euphémisme) n'avait pu annihiler toutes les formes de vie supérieures, il aurait mit fin à la civilisation dans le monde entier. L'hiver nucléaire ne saurait produire de récolte consommable.

8. Voir Francis Fukuyama, *La Fin de l'histoire et le dernier homme*, Paris, Flammarion, 1992.

9. Alexander Pope, *Essai sur la critique*, 1711 ; Thomas Henry Huxley, *On Elementary Instruction in Physiology*, 1877.

10. Cité dans Robert J. Wenke, *Patterns in Prehistory*, Oxford, Oxford University Press, 1980, p. 79.

11. William Shakespeare, *Hamlet*, acte 2, scène 2. Traduit de l'anglais par François de Victor Hugo.

12. William Shakespeare, *Comme il vous plaira*, acte 4, scène 1.

13. Cité dans Glyn Daniel, *The Idea of Prehistory*, Harmondsworth, Pelican, 1962, p. 19.

14. En basant ses calculs sur la vitesse à laquelle une masse de fer se refroidit, Newton soupçonnait déjà que la terre était âgée d'au moins 50 000 ans ; les penseurs français du XVIIIe siècle Benoit de Maillet et George-Louis Leclerc de Buffon ont opté pour des estimations plus fortes, mais leurs calculs n'ont guère eu la faveur. Voir Martin Gorst, *Measuring Eternity : The Search for the Beginning of Time*, New York, Broadway Books, 2001, p. 93-121.

15. Le physicien Lord Kelvin a mené un combat d'arrière-garde en soutenant que le soleil ne pouvait pas être assez vieux pour l'échelle temporelle de Darwin, mais cela fut largement contesté et, finalement, réfuté.

16. Ses paroles n'ont pas été transcrites à l'époque. Les récits qui les rapportent diffèrent quelque peu mais s'accordent sur le fond.

17. Gorst, *Measuring Eternity*, p. 204.

18. H.G. Wells *et al.*, *The Science of Life*, vol. 2, New York, Doubleday, 1929, p. 422-423. Son coauteur, Julian Huxley, est le petit-fils du défenseur de Darwin, Thomas Huxley.

19. Northrop Frye, « Humanities in a New World » dans *Three Lectures*, Toronto, University of Toronto Press, 1958, p. 23. Certains experts voient la parole comme un phénomène plutôt récent, mais à mon avis, il est beaucoup plus probable qu'elle ait mis beaucoup de temps à se développer, gagnant en complexité comme le faisait le cerveau. Nombre des différences entre les cerveaux du singe et de l'humain se trouvent dans des régions qui régissent des aspects de la parole. Voir la note 11 du chapitre 2.

20. Rosny est né à Bruxelles en 1856, a travaillé comme journaliste en Angleterre, puis a déménagé à Paris en 1886 où il est devenu le président de l'Académie Goncourt.

21. Une hutte de plage de 400 000 ans à Terra Amata, dans le sud de la France, semble avoir possédé un foyer, tandis qu'il y a des « indices d'utilisation du feu » en Afrique un million d'années auparavant. Ian Tattersall, *The Last Neanderthal: The Rise, Success, and Mysterious Extinction of Our Closest Human Relatives*, New York, Westview Press, 1999, p. 72.

22. Voir, par exemple, le texte de Loren Eiseley de 1954, « Man the Firemaker », dans *The Star Thrower*, New York, Harcourt Brace Jovanovich, 1978, p. 45-52.

23. *Ibid.*, p. 49.

24. Les données génétiques laissent croire qu'à un moment donné « notre espèce est devenue tout aussi menacée que l'est le gorille de montagne aujourd'hui [...] réduit à seulement quelque 10 000 adultes ». Christopher Stringer et Robin McKie, *African Exodus: The Origins of Modern Humanity*, New York, Henry Holt/John Macrae, 1997, p. 11. Stringer estime qu'au début du Paléolithique supérieur, il y a quelque 35 000 ans, *Homo sapiens* « comptait une population reproductrice d'au moins 300 000 ». *Ibid.*, p. 163.

25. Au sujet de l'hypothèse « issus de l'Afrique », voir Stringer et McKie, *African Exodus*. Au sujet des points de vue opposés, voir les travaux récents de M. Wolpoff, G. A. Clark, J. Relethford et F. H. Smith. Pour une vue d'ensemble équilibrée, voir Richard Leakey et Roger Lewin, *Origins Reconsidered: In Search of What Makes Us Human*, New York, Doubleday, 1992.

26. Des espèces animales aussi différentes que le cheval, le zèbre et l'âne peuvent se croiser, comme le peuvent les lions et les tigres, même si les croisements sont rarement fertiles. L'écart évolutionniste dans de tels

cas est presque certainement plus large qu'entre nombre des soi-disant espèces des premiers humains.

27. Tiré de H. G. Wells, *Les Grandes Lignes de l'histoire*, cité par William Golding dans l'épigraphe de *Les Héritiers*, Paris, Gallimard, 1968.

28. L'argument présenté par W. Arens dans *The Man-Eating Myth: Anthropology and Anthropophagy*, New York, Oxford University Press, 1979, suivant lequel il n'y a pas de cas de cannibalisme bien documenté (sauf pour la survie), ne tient pas debout. Bien que de nombreuses accusations visant cette pratique soient, comme il le prétend, de la propagande sans fondement provenant de groupes ethniques rivaux, il existe des preuves abondantes et solides — os dépecés, ustensiles spéciaux, données ethnographiques et historiques fiables — du cannibalisme tant rituel que gastronomique, en particulier dans le Pacifique. Il y a aussi de nombreux cas documentés d'atrocités cannibales dans les guerres européennes du temps de la Réforme et dans les guerres africaines depuis 1960.

29. Tattersall, *The Last Neanderthal*, p. 77. Un livre utile, même si Tattersall soutient que les Néanderthaliens étaient une espèce distincte sans descendants modernes.

30. Erik Trinkaus et Pat Shipman, *The Neanderthals: Changing the Image of Mankind*, New York, Knopf, 1993, p. 6. Ces auteurs font un bon résumé de preuves conflictuelles. Pour un exposé plus récent sur les origines humaines et le problème néanderthalien, voir *General Anthropology* 7, n° 2, printemps 2001, un bulletin de nouvelles publié par l'American Anthropological Association.

31. Ceux qui partagent cet avis utilisent la classification *Homo sapiens neanderthalensis* pour les Néanderthaliens, et *Homo sapiens sapiens* pour les Cro-Magnons et autres humains modernes.

32. Ornella Semino et d'autres généticiens ont conclu que plus de 80 pour cent du patrimoine génétique est issu du Paléolithique supérieur, tandis que 20 pour cent provient des fermiers du Néolithique, venus beaucoup plus tard au Moyen-Orient. Voir le numéro du 10 novembre 2000 de *Science*.

33. Un indicateur en ce sens est que les crânes des anciens Néanderthaliens sont généralement moins robustes que ceux des plus récents. Tattersall, *Last Neanderthal*, p. 147.

34. Christopher Stringer, « The Evolution of Modern Humans : Where Are We Now ? », *General Anthropology* 7, n° 2, printemps 2001.

35. Cette phase culturelle, appelée le Châtelperronien, est très visible à partir d'il y a 36 000 ans à Saint-Césaire, dans l'ouest de la France. Tattersall, *Last Neanderthal*, p. 145. Voir aussi Francis B. Harold, « The Case Study of the Chatelperronian », *General Anthropology* 7, n° 2, printemps 2001. D'après l'analyse des niveaux d'habitat et des structures de sites, Donald Henry et ses coauteurs ont conclu que « l'on peut écarter [...] les relations putatives entre la biologie et le comportement [néanderthalien] », Donald Henry *et al.*, « Human Behavioral Organization in the Middle Paleolithic : Were Neanderthals Different ? » *American Anthropologist*, 106, n° 1, mars 2004, p. 29 ; ils n'ont trouvé aucune raison de croire que les Néanderthaliens et les Cro-Magnons différaient sur le plan de la capacité cognitive.

36. Cité dans Leakey et Lewin, *Origins Reconsidered*, p. 280 *sq.*, (légende de la planche 4).

37. Les études étaient basées sur des séquences partielles provenant de matériel mal préservé. Voir John H. Relethford, « New Views on Neanderthal DNA », *General Anthropology* 7, n° 2, printemps 2001.

38. Le site portugais est celui de Lagar Velho, et les os sont âgés d'environ 24 000 ans.

39. Trinkaus et Shipman (*Neanderthals*, p. 415) écrivent qu'en Europe centrale, « il y a d'abondantes preuves de l'évolution suivie, de mélange génétique et de croisements entre les Néanderthaliens résidants et les humains modernes primitifs qui arrivaient lentement, par petits groupes, du Levant ». Voir un mémoire curieusement touchant de Loren Eiseley (*Star Thrower*, p. 139-152) pour sa conviction éloquente que les Néanderthaliens sont toujours parmi nous. Tattersall, qui soutient que les Néanderthaliens étaient une espèce entièrement différente, écrit que le chignon néanderthalien (le torus occipital) et la vallée y étant associée (la dépression supra-iniaque) sont des caractéristiques « propres aux Néanderthaliens », Tattersall, *Last Neanderthal*, p. 118. Mais j'en possède quand même un.

40. D'une manière semblable, nombre des descendants des Indiens d'Amérique, des Aborigènes australiens, des Africains et d'autres peuples transplantés sont immergés dans des populations « blanches », pour la plupart inconscients de leur ascendance mixte.

Chapitre 2

La grande expérience

QUELQU'UN QUI AIMAIT BIEN les absurdités logiques a décrit un jour les spécialistes comme « des gens qui en savent de plus en plus au sujet de moins en moins, jusqu'à ce qu'ils en arrivent à tout savoir au sujet de rien ». De nombreux animaux sont hautement spécialisés, leur corps s'étant adapté à des niches écologiques et à un mode de vie spécifiques. La spécialisation comporte ses récompenses, mais, à la longue, elle peut mener à une impasse évolutionniste. Lorsque sa proie s'est éteinte, le chat des cavernes a disparu lui aussi.

L'animal humain moderne — notre être physique — est un généraliste. Nous ne sommes pas pourvus de crocs, de serres ou de venin. Au lieu de cela, nous avons conçu des outils et des armes — des couteaux, des pointes de lance, des flèches empoisonnées. Des inventions élémentaires comme les vêtements chauds et les embarcations nous ont permis d'envahir la planète avant la fin du dernier âge glaciaire[1]. Le cerveau est notre spécialisation. La souplesse des interactions du cerveau avec la nature, par l'entremise de la culture, a été la clé de notre succès. La culture peut s'adapter bien plus rapidement que les gènes à de nouvelles menaces ou à de nouveaux besoins.

Mais comme je l'ai laissé entendre dans le premier chapitre, il y a un risque. À mesure qu'elles se développent et que leurs technologies gagnent en puissance, les cultures peuvent devenir elles-mêmes lourdes de spécialisation, vulnérables et, dans des cas extrêmes, meurtrières. La bombe atomique, progression logique de la flèche et de la balle, fut la première technologie à menacer toute l'espèce d'extinction. C'est ce que j'appelle un « piège du progrès ». Toutefois, des technologies beaucoup plus simples ont aussi séduit et ruiné des sociétés du passé, même à l'âge de la pierre.

Dans le chapitre précédent, j'ai soulevé les trois questions que posait Paul Gauguin dans sa grande toile de 1897 intitulée *D'où venons-nous ? Que sommes-nous ? Où allons-nous ?* À un niveau pratique, l'anthropologie a répondu aux deux premières : nous savons maintenant que nous sommes les descendants lointains de singes qui vivaient en Afrique il y a cinq millions d'années. Les singes modernes, aussi descendants de la même population, sont parents avec nous, mais ce ne sont pas nos ancêtres. La principale différence qui nous distingue des chimpanzés et des gorilles est qu'au cours des trois derniers millions d'années, nous avons été formés moins par la nature que par la culture. Nous sommes devenus les créatures expérimentales de notre propre fabrication.

L'expérience n'a jamais été tentée auparavant. Et nous, ses auteurs involontaires, ne l'avons jamais dirigée. Elle se déroule maintenant très rapidement et sur une échelle colossale. Depuis le début des années 1900, la population mondiale s'est multipliée par quatre, et son économie (mesure brute du fardeau que l'homme impose à la nature), par plus de quarante. Nous avons atteint une étape où il nous faut ramener l'expérience à un contrôle rationnel et nous prémunir contre les dangers actuels et potentiels. Il n'en tient qu'à nous. Si nous échouons — si la biosphère ne peut plus assurer notre subsistance parce que nous l'avons dégradée ou pulvérisée —, la nature haussera simplement les épaules en concluant que s'il était amusant pour un temps de laisser des singes diriger un laboratoire, c'était, en fin de compte, une bien mauvaise idée.

Nous avons déjà causé tant d'extinctions que notre domination sur la terre apparaîtra dans l'ensemble des fossiles comme l'impact d'un astéroïde. Jusqu'à maintenant, nous ne sommes qu'un petit astéroïde par comparaison à celui qui a tabassé les dinosaures[2]. Mais si les extinctions se poursuivent plus longtemps, ou si nous recourons aux armes de destruction massive — je parle des vraies, celles qui sont stockées dans les immenses réserves des superpuissances —, alors la prochaine couche de fossiles montrera en effet un énorme hiatus dans la vie de cette planète.

J'ai affirmé dans le chapitre précédent que la préhistoire, comme l'histoire, nous apprend que les gens gentils n'ont pas gagné, que nous sommes, au mieux, les héritiers de nombreuses victoires impitoyables et, au pire, de génocides. Il se peut fort bien que nous descendions d'humains qui ont exterminé à répétition leurs rivaux, pratique qui a culminé dans la disparition suspecte de nos cousins néanderthaliens, il y a 30 000 ans. Quelle que soit la vérité à ce sujet, l'événement a marqué le début du Paléolithique supérieur, la dernière et la plus brève des trois divisions de l'âge de la pierre, représentant environ un centième du tout.

Dans le présent chapitre, je veux voir ce que nous pouvons déduire du premier piège du progrès — le perfectionnement de la chasse qui a mis fin à l'âge glaciaire — et comment notre évasion du piège par l'invention de l'agriculture a mené à notre plus grande expérience : la civilisation mondiale. Nous devons alors nous poser la question pressante que voici : se pourrait-il que la civilisation soit un autre piège de bien plus grandes dimensions ?

L'âge de la pierre a commencé il y a près de trois millions d'années, alors que les premiers outils grossiers étaient fabriqués par des brutes qui cheminaient, le dos voûté, vers l'humanité ; il s'est terminé il y a seulement 12 000 ans, lorsque les grands glaciers se retirèrent pour la dernière fois vers les pôles et les aires géographiques où ils attendent de nouveaux changements climatiques. Sur le plan de la géologie, trois millions d'années n'est qu'un clin d'œil, une minute de la journée terrestre. Mais dans le cours de la vie humaine, l'âge de la pierre est une fosse abyssale du temps, dont nous sommes sortis en rampant pour nous retrouver, hier seulement, dans les lits moelleux de la civilisation.

Même notre sous-espèce moderne, *Homo sapiens sapiens*, est de dix à vingt fois plus vieille que la plus ancienne civilisation. Cependant, à l'échelle de l'expérience humaine subjective — mesurée par la somme des vies individuelles —, plus de gens ont vécu une vie civilisée[3]. La civilisation ne remonte pas aux temps profonds, mais elle prend beaucoup de place puisqu'elle est à la fois la cause et l'effet d'une explosion démographique qui ne s'est pas encore stabilisée.

Je dois préciser que je définis « civilisation » et « culture » dans un sens technique, anthropologique. Par culture, j'entends l'ensemble des connaissances, des croyances et des pratiques d'une société quelconque. Tout est culture : du végétalisme au cannibalisme ; Beethoven, Botticelli et le perçage corporel ; ce que vous faites dans la chambre à coucher, la salle de bain et l'église de votre choix (si votre culture vous donne le choix) ; et toute la technologie, de la pierre taillée à la fragmentation de l'atome. Les civilisations sont une sorte de culture spécifique : ce sont des sociétés importantes et complexes basées sur la domestication des végétaux, des animaux et des êtres humains[4]. Elles sont de constitutions variées, mais elles comportent typiquement des villes, des cités, des gouvernements, des classes sociales et des professions spécialisées. Toutes les civilisations sont des cultures, ou des conglomérats de cultures, mais toutes les cultures ne sont pas des civilisations.

Les archéologues admettent généralement que les premières civilisations furent celle de Sumer, dans le sud de la Mésopotamie (ce qui est maintenant l'Irak), et de l'Égypte, les deux ayant émergé environ 3000 ans avant J.-C. Dès 1000 ans avant J.-C., les civilisations ceinturaient le globe, notamment en Inde, en Chine, au Mexique, au Pérou et dans certaines parties de l'Europe.

De tout temps, et encore aujourd'hui, les peuples civilisés ont cru qu'ils se comportaient mieux, et que, en fait, ils étaient supérieurs aux soi-disant sauvages. Mais les valeurs morales attachées à la civilisation sont spécieuses ; trop souvent, elles servent à justifier l'attaque et la domination d'autres sociétés moins puissantes. Dans leur âge d'or impérial, les Français avaient leur « mission civilisatrice », et les Britanniques, leur « fardeau de l'homme blanc », que venaient alléger les armes automatiques. Comme l'écrivait Hilaire Belloc en 1898 : « Qu'importe ce qui arrive / le plus gros canon, c'est nous qui l'avons et pas eux. » De nos jours, Washington prétend diriger et sauvegarder « le monde civilisé », une tradition dans la rhétorique américaine qui remonte au déracinement et à l'extermination des premiers habitants de ce pays[5].

Les cirques romains, les sacrifices aztèques, les bûchers de l'Inquisition, les camps de la mort nazis ont tous été l'œuvre de sociétés hautement civilisées[6]. Rien qu'au XXᵉ siècle, au moins 100 millions de personnes, des civils pour la plupart, ont péri dans des guerres[7]. Les sauvages n'ont pas fait pire. À l'entrée du Colisée et du camp de concentration, nous n'avons d'autre choix que d'abandonner l'espoir que la civilisation puisse être, en soi, une garantie de progrès moral.

Lorsque le Mahatma Gandhi séjournait en Angleterre dans les années 1930 pour des pourparlers sur l'autonomie gouvernementale indienne, un reporter lui a demandé ce qu'il pensait de la civilisation occidentale. Gandhi, qui venait de visiter les bidonvilles de Londres, a répliqué : « Je pense que ce serait une très bonne idée[8]. » Si je semble parfois dur à l'égard de la civilisation, c'est que, à l'instar de Gandhi, j'aimerais qu'elle honore ses promesses et qu'elle soit une réussite. Je préfère de loin vivre dans une maison que dans une caverne. J'aime les beaux édifices et les bons livres. J'aime savoir que je suis un singe, que la terre est ronde, que le soleil est une étoile et que les étoiles sont des soleils — savoir tenu pour acquis, mais qu'on a mis des milliers d'années à tirer du « Chaos et de la Vieille nuit[9] ». Malgré toutes ses cruautés, la civilisation est précieuse ; c'est une expérience qu'il vaut la peine de poursuivre. Elle est aussi précaire : tandis que nous grimpons sur l'échelle du progrès, nous faisons voler les barreaux au-dessous. Il n'y a pas de retour possible sans catastrophe. Ceux qui n'aiment pas la civilisation et attendent qu'elle se casse sa gueule arrogante devraient se rappeler qu'il n'existe pas d'autre moyen de faire vivre l'humanité, vu le nombre et l'état actuels de la population mondiale[10].

L'âge de la pierre nous semble maintenant si éloigné que nous y pensons rarement, sauf peut-être pour sourire d'une bande dessinée de la série « Farside ». Et pourtant, il est seulement six fois plus ancien que la naissance du Christ et l'Empire romain ; en fait, il a pris fin si récemment que les grands changements survenus depuis que nous avons quitté les cavernes ont tous été culturels plutôt que physiques. Une espèce ancienne comme la nôtre ne peut évoluer de manière notable sur un court intervalle. Cela signifie que si la culture et la technologie sont cumulatives, l'intelligence innée ne l'est pas[11].

Comme le dit la blague du Dr Johnson voulant qu'on puisse tirer beaucoup d'un Écossais si on l'attrape en bas âge, un enfant du Paléolithique supérieur enlevé au feu de camp et élevé parmi nous aurait une chance sur deux de décrocher un diplôme en astrophysique ou en sciences informatiques. Pour utiliser une analogie électronique, nous faisons fonctionner un logiciel du XXIe siècle sur du matériel dont la dernière mise à jour remonte à 50 000 ans ou plus. Voilà qui pourrait expliquer bon nombre des nouvelles aux actualités.

La culture a elle-même créé ce problème propre aux humains : en partie parce que la croissance culturelle va bien plus vite que l'évolution, et parce que depuis longtemps, la masse cumulée des cultures a devancé la sélection naturelle et placé notre destinée entre nos mains.

« Je vais vous dire ce qu'est un homme », écrit William Golding dans son roman de 1956 intitulé *Chris Martin*, qui, même s'il se déroule pendant la Deuxième Guerre mondiale, poursuit la méditation que l'auteur a commencée sur l'humanité dans son roman sur l'âge de la pierre, *Les Héritiers*. « L'homme est un monstre, un fœtus expulsé frustré de son développement naturel, lancé dans le monde avec, pour le couvrir, un simple parchemin, un emplacement insuffisant pour les dents et un crâne renflé et mou comme une bulle. Mais la nature remue la matière intérieure[12]. »

Dans la matière grise de Golding grouillent de nombreux ingrédients : génie et folie, logique et croyance, instinct et hallucination, compassion et cruauté, amour, haine, sexe, art, cupidité — toutes les forces de la vie et de la mort. Chez l'individu, la somme de ces forces constitue la personnalité ; en société, cela devient la personnalité collective qu'on appelle la culture. À la longue, la matière grise de la culture a continué de grandir en taille. Et il y a eu plusieurs épisodes écumeux où elle a soudainement débordé jusqu'à ce que la culture semble empreinte de folie furieuse.

Le premier de ces épisodes a été la maîtrise du feu par *Homo erectus*, qui a fortement fait pencher la balance de la survie en notre faveur. Le suivant, survenu un demi-million d'années plus tard, a été le perfectionnement de la chasse par les Cro-Magnons peu après qu'ils eurent supplanté les Néanderthaliens. De nouvelles armes sont apparues, plus légères, plus aiguisées, de plus longue portée, plus élégantes et plus meurtrières[13]. Les ornements perlés, la gravure sur os, les instruments de musique et les rituels funéraires élaborés devinrent monnaie courante. De magnifiques tableaux apparurent sur les murs des cavernes et parois des rochers, affichant un naturalisme vigoureux qu'on n'allait plus retrouver avant la Renaissance.

Bon nombre de ces choses avaient déjà été accomplies sur une petite échelle par les Néanderthaliens et les Cro-Magnons[14], si bien que cette impulsion d'art et de technologie ne peut être (comme certains le prétendent) la preuve que nous avons soudainement évolué en une nouvelle espèce nantie de tout nouveaux pouvoirs cognitifs. Toutefois, c'est effectivement la preuve d'un motif culturel familier : le loisir né d'un surplus de nourriture. Les chasseurs et cueilleurs produisaient plus que ce qu'exigeait leur subsistance, ce qui leur donnait le temps de peindre les murs, de fabriquer des perles et des effigies, de faire de la musique, de se doter de rituels religieux. Pour la première fois, les gens étaient riches.

Pour établir une analogie sommaire entre deux ères distinctes de longueur et de complexité très différentes, je dirais qu'il y a certaines ressemblances entre cette fin de l'âge de la pierre et la dernière moitié du millénaire de la « découverte » et de la conquête occidentale. Depuis 1492 de notre ère, une sorte de civilisation, l'Européenne, a largement détruit et déplacé toutes les autres, s'engraissant et se transformant en force industrielle en cours de route (un point sur lequel je reviendrai dans un chapitre suivant). Pendant le Paléolithique supérieur, une sorte d'humain — Cro-Magnon ou *Homo sapiens*[15] — s'est multipliée et s'est déployée dans le monde, tuant, déplaçant ou absorbant toutes les autres variantes de l'homme, puis pénétrant dans de nouveaux territoires qui n'avaient jamais été foulés du pied humain.

Il y a tout au plus 15 000 ans — bien avant le retrait des glaciers —, le genre humain s'est établi sur chaque continent, sauf l'Antarctique. Comme l'expansion de l'Europe dans le monde entier, cette vague préhistorique de découvertes et de migrations a eu des conséquences écologiques profondes. Peu de temps après l'apparition de l'homme dans de nouveaux territoires, le gros gibier commence à manquer. Les mammouths et les rhinocéros laineux se retirent vers le nord, puis s'éclipsent de l'Europe et de l'Asie. Un wombat géant, d'autres marsupiaux et une tortue de la taille d'une Volkswagen disparaissent en Australie. Le chameau, le mammouth, le bison géant, le mégathérium et le cheval

périssent dans les Amériques[16]. Une odeur putride
d'extinction suit *Homo sapiens* dans son périple autour
du monde.

Tous les experts ne conviennent pas que nos
ancêtres sont les seuls à blâmer. Ceux qui nous défen-
dent font remarquer que nous avons chassé en Afrique,
en Asie et en Europe pendant un million d'années ou
davantage sans tout décimer, que nombre de ces extinctions ont coïncidé avec des bouleversements climatiques, que la fin de l'âge glaciaire a pu être assez sou-
daine pour empêcher les gros animaux de migrer ou de
s'adapter. Ce sont des objections valables qu'il serait
imprudent d'écarter entièrement. Pourtant, la preuve
contre nos ancêtres est, je pense, écrasante. Sans aucun
doute, la fonte des glaciers a stressé les animaux, mais
ils avaient passé à travers des réchauffements semblables auparavant. Il est également vrai que les peuples
primitifs — *Homo erectus, Homo neanderthalensis* et
Homo sapiens — avaient chassé le gros gibier sans
l'exterminer. Mais les gens du Paléolithique supérieur
étaient beaucoup mieux équipés et beaucoup plus nombreux que leurs prédécesseurs, et ils tuaient sur une
bien plus grande échelle[17]. Certains de leur site d'abat-
tage atteignaient presque des dimensions industrielles :
un millier de mammouths à l'un d'entre eux ; plus de
100 000 chevaux à un autre[18]. « Les Néanderthaliens
étaient certainement compétents et vaillants à la chasse,
écrit l'anthropologue William Howells en 1960, mais ils
n'ont pas laissé d'ossuaires plus massifs[19]. » Plus
récemment, Ian Tattersall souligne la morale écologique. « Comme nous, dit-il, les Cro-Magnons devaient
avoir un côté sombre[20]. »

En terrain accidenté, ces implacables chasseurs
faisaient basculer des troupeaux entiers au bas d'escarpements où des piles d'animaux restaient à pourrir, une

pratique qui s'est poursuivie dans les temps historiques à des endroits tels que Head-Smash-In Buffalo Jump, en Alberta. Par chance pour les bisons, les escarpements sont rares dans la grande plaine. Mais rien n'allait arrêter les fusils de l'homme blanc qui, au XIXe siècle, ont réduit et le bison et les Indiens presque à néant en quelques décennies. Herman Melville parle de « troupeaux bossus des bisons qui, il n'y a pas quarante ans, hantaient par dizaines de milliers les prairies de l'Illinois et du Missouri [là] où le courtier poli vous vend aimablement la terre à un dollar le pouce[21] ». La terre à un dollar le pouce : voilà bien la civilisation.

Les chasseurs et cueilleurs modernes — Amazoniens, Aborigènes australiens, Inuits, Bochimans du Kalahari — sont des intendants prudents de leur écologie, limitant leur population et prenant leurs précautions avec la nature[22]. On présume souvent que les chasseurs des temps anciens auraient fait preuve de la même prudence, mais l'évidence archéologique ne permet pas de soutenir ce point de vue. Au Paléolithique, la chasse était le gagne-pain général et se pratiquait dans des milieux ultra-riches, sur une terre qui semblait sans bornes. Nous devons déduire de l'ampleur des restes qu'elle se pratiquait avec l'optimisme de l'insouciant, toujours convaincu qu'une autre belle prise l'attend au détour de la prochaine colline. Dans les dernières extinctions massives, qui sont aussi les mieux documentées — la perte d'oiseaux coureurs et d'autres animaux de Nouvelle-Zélande et de Madagascar —, il n'y a pas l'ombre d'un doute que la population est à blâmer[23]. Le biologiste australien Tim Flannery a appelé les êtres humains des « mangeurs d'avenir ». Chaque espèce exterminée sonne le glas d'une possibilité[24].

Donc, l'une des choses qu'il faut savoir à notre sujet est que la période du Paléolithique supérieur, qui peut fort bien avoir commencé par un génocide, a fini par un barbecue à volonté de gibier abattu. Le perfectionnement de la chasse a mis fin à la chasse comme mode de vie. La viande en abondance permettait d'avoir plus d'enfants. Avec plus d'enfants on avait plus de chasseurs, mais tôt ou tard, un surplus de chasseurs signifiait une carence de gibier. La plupart des grandes migrations dans le monde à cette époque ont sans doute été provoquées par la nécessité, à mesure que nous épuisions les ressources dans nos festins nomades.

L'archéologie de l'Europe occidentale pendant le dernier millénaire du Paléolithique montre l'effritement du grandiose mode de vie des Cro-Magnons. L'art mural des cavernes vacille, puis cesse complètement. Les sculptures se font rares. Les lames de silex se font de plus en plus petites. Au lieu de tuer des mammouths, elles visent des lapins.

Dans un essai des années 1930 appelé *In Praise of Clumsy People**, l'écrivain humoriste tchèque Karel Čapek observe : « L'homme a cessé d'être un simple chasseur lorsque des individus naquirent qui étaient des chasseurs très incompétents. » Comme on l'a déjà dit de la musique de Wagner, la remarque de Čapek est meilleure qu'elle ne le semble à l'entendre. Les chasseurs à la fin de l'âge de la pierre n'étaient certainement pas maladroits, mais ils étaient incompétents parce qu'ils ont enfreint la règle primordiale que tout bon parasite doit observer : *Ne pas tuer son hôte*. Alors qu'ils poussaient espèce après espèce à l'extinction, ils sont tombés dans le premier piège du progrès.

Certains de leurs descendants — les sociétés de chasseurs et de cueilleurs qui ont survécu jusqu'aux temps récents — allaient apprendre à se maîtriser à

---

* N. d. t. : L'éloge des maladroits.

l'école des coups durs. Mais le reste d'entre nous avons trouvé un nouveau moyen de faire monter les enchères : ce grand changement connu rétrospectivement comme la « révolution » du Néolithique, c'est-à-dire la naissance de l'agriculture.

Parmi les chasseurs, il s'est toujours trouvé un grand nombre de non-chasseurs : c'étaient les cueilleurs, surtout des femmes et des enfants, pensons-nous, chargés des fruits et légumes sauvages qui faisaient partie du régime alimentaire dans une caverne bien gérée. Leur apport aux réserves de nourriture devint de plus en plus important à mesure que le gibier disparaissait.

Pendant cette période courte et vive qu'on appelle le Mésolithique, ou l'âge de pierre moyen, les gens ont tout essayé : vivre dans les estuaires et les marécages, ramasser des épaves sur la grève, fouir les racines et faucher la végétation herbacée pour ses minuscules graines, une pratique qui allait avoir d'énormes implications. Certaines de ces herbacées étaient si riches, et leur exploitation exigeait une telle main-d'œuvre, que des villages s'établirent dans des régions-clés avant même l'avènement de l'agriculture[25]. Les cueilleurs se mirent à remarquer que les graines accidentellement répandues ou passées dans le crottin poussaient l'année suivante. Ils entreprirent d'influencer le résultat en cultivant et en agrandissant les peuplements naturels, qu'ils ensemençaient de graines plus grosses et plus faciles à récolter.

De telles expériences allaient un jour mener à l'agriculture intégrale et à une dépendance presque totale envers quelques produits de base monotones, mais cela devait attendre encore plusieurs milliers d'années : à cette période primaire, les cultivateurs de plantes étaient encore surtout des cueilleurs, exploitant une grande variété de végétaux de même que le gibier sauvage et le poisson qu'ils pouvaient trouver. Ainsi, à Monte Verde, au Chili, un village permanent de huttes de bois rectangulaires a été établi il y a 13 000 ans, nourri par des camélidés, du petit gibier et le mastodonte, dont l'extinction n'allait pas tarder; mais les vestiges comprennent de nombreux légumes sauvages, dont le moindre n'est pas la pelure de pomme de terre[26]. Bien que Monte Verde soit l'un des plus anciens sites humains des Amériques, il fait état d'une connaissance avancée et intime des végétaux locaux, dont plusieurs allaient devenir les cultures de base de la civilisation andéenne.

Comme le cumul des petits changements qui nous séparent des autres grands primates, la révolution agricole a été une expérience instinctive, trop graduelle pour que ses instigateurs en soient conscients, encore moins pour qu'ils prévoient où elle allait les mener, mais, par comparaison avec les développements antérieurs, elle s'est produite à fond de train.

Chose fort importante pour ce qu'elle nous apprend sur notre compte, il n'y eut pas qu'une seule révolution, mais bien plusieurs. Sur chaque continent, sauf l'Australie, des expériences agricoles ont commencé peu de temps après que le régime des glaces eut relâché son emprise[27]. Des livres anciens (mais aussi certains plus récents[28]) soulignent l'importance du Moyen-Orient, ou Croissant fertile, qui à cette époque s'étendait des grèves de la Méditerranée au plateau d'Anatolie et aux plaines alluviales de l'Irak. Toutes les civilisations du pain tiennent leurs aliments de base de cette époque qui nous a donné le blé, l'orge, le mouton et la chèvre.

Il est maintenant établi que le Moyen-Orient n'est qu'une d'au moins quatre grandes régions du monde où l'agriculture s'est développée indépendamment, mais à peu près en même temps. Les autres sont l'Extrême-Orient, où le riz et le millet devinrent les aliments de base ; la Méso-Amérique (le Mexique et les parties voisines de l'Amérique centrale), dont les civilisations vivaient du maïs, des haricots, des courges, de l'amarante et des tomates ; et la région andéenne d'Amérique du Sud, qui a mis au point plusieurs variétés de pommes de terre, d'autres tubercules, la courge, le coton, les cacahuètes et des grains riches en protéines, notamment le quinoa[29]. Dans toutes ces terres centrales, la domestication des cultures apparaît il y a de 8000 à 10 000 ans[30]. Outre ces Quatre Grands, il existe environ une douzaine d'aires fondatrices moins importantes dans le monde, y compris le Sud-Est asiatique tropical, l'Éthiopie, l'Amazonie et la partie est de l'Amérique du Nord, qui nous ont donné respectivement la banane, le café, le manioc et le tournesol[31]. Des peuples n'ayant aucun rapport entre eux ont parfois développé les mêmes plantes : le coton et la cacahuète comprennent chacun deux variétés mises au point simultanément dans le Nouveau et l'Ancien Monde.

Il est plus difficile de documenter la domestication des animaux, mais à peu près en même temps que les gens accroissaient les cultures, ils apprenaient que certains herbivores et oiseaux pouvaient être pistés, mis en enclos et abattus à un rythme viable. Au cours des générations, ces animaux devinrent suffisamment dociles et imbéciles pour ne pas se préoccuper des bipèdes, ces tueurs en série qui les suivaient à la piste. La chasse devint l'élevage, tout comme la cueillette devint le jardinage.

Les moutons et les chèvres furent les premiers animaux réellement domestiqués du Moyen-Orient, à partir d'environ 8000 avant J.-C. Les camélidés domestiques — formes primaires du lama et de l'alpaca utilisés comme animaux de bât, de même que pour la laine et la viande — apparaissent au Pérou au cours du sixième millénaire avant J.-C., à peu près en même temps que le bétail en Eurasie, encore que ni les camélidés ni les premiers bestiaux ne fussent traits. Les ânes et les chevaux avaient déjà été apprivoisés vers 4000 ans avant J.-C. Des créatures plus rusées, comme les chiens, les cochons et les chats, étaient depuis longtemps disposées à traîner autour des établissements humains pour peu qu'ils puissent profiter des restes de table, de la pâtée et du boom souricier provenant des greniers. Les chiens, qui ont sans doute été apprivoisés pour la chasse au Paléolithique, se trouvent auprès de groupes humains dans le monde entier. Par temps froid, ils servent parfois à réchauffer les lits. Dans des endroits comme la Corée et le Mexique, des espèces particulières sont élevées pour la viande. Lorsqu'il a entrepris son triste périple vers les mâchoires du colonel Sanders, le poulet était un oiseau de la jungle asiatique au plumage magnifique, tandis que la dinde était domestiquée au Mexique. Outre le lama et l'alpaca, les Péruviens élevaient des canards de Barbarie et l'humble, mais prolifique, cochon d'Inde — lequel apparaît même au menu de la Cène du Christ dans un tableau colonial[32].

Comme l'indique la consommation de cochons d'Inde et de chihuahuas, les Amériques étaient moins bien nanties en animaux domesticables que l'Ancien Monde, mais le Nouveau Monde a compensé en créant un éventail plus large de végétaux plus productifs. À lui seul, le Pérou comptait près de quarante espèces majeures[33]. De telles plantes ont fini par nourrir d'énormes cités aborigènes dans les Amériques, et plusieurs d'entre elles allaient transformer la nutrition et l'économie de l'Ancien Monde où elles allaient être introduites, un point que je développerai dans le chapitre final.

Plus les réserves alimentaires sont prévisibles, plus la population augmente. Par contraste avec les chasseurs-cueilleurs nomades, les peuples sédentaires avaient peu de raison de limiter le nombre d'enfants qui se révélaient utiles aux champs et pour les tâches ménagères. Le taux de reproduction des femmes avait tendance à augmenter, étant donné que leur corps avait une masse grasse plus élevée et que le sevrage venait plus tôt grâce au lait animal et aux aliments céréaliers pour bébés. Les cultivateurs ne tardèrent pas à surpasser en nombre les chasseurs-cueilleurs, en les absorbant, en les tuant ou en les repoussant dans la « nature sauvage » environnante.

Au début du Paléolithique supérieur, lorsque notre sous-espèce moderne prend tous les moyens pour s'assurer qu'elle héritera de la terre, nous nous chiffrons au total à plus ou moins un tiers de million d'âmes[34]. Il y a 10 000 ans, à la veille de l'implantation de l'agriculture, après nous être établis sur tous les continents habitables, nous étions passés à quelque trois millions ; et il y a 5000 ans, lorsque l'agriculture fut établie dans toutes les régions fondatrices et que la pleine civilisation eut vu le jour à Sumer et en Égypte, le monde entier comptait peut-être de 15 à 20 millions de personnes.

Ces chiffres sont simplement des conjectures éclairées et, bien entendu, tout ce que j'ai dit d'autre est excessivement simplifié. Le passage à la vie agricole permanente a exigé des millénaires, et les premiers résultats n'ont pas toujours été prometteurs, même dans une zone centrale comme le Moyen-Orient. La Jéricho du Néolithique était minuscule, couvrant à peine quatre acres (moins de deux hectares) en 8000 avant J.-C., et il a fallu 1500 ans de plus pour qu'elle atteigne dix acres. Le site turc de Çatal Hüyük, le plus grand établissement du Croissant fertile entre 7000 et 5500 ans avant J.-C., ne couvrait que le vingtième d'un mille carré (ou trente-deux acres), et ses habitants devaient tirer une bonne partie de leurs protéines du gibier sauvage. Comme le sait tout Canadien de milieu rural, les fermiers continuent de chasser là où c'est agréable ou productif, et cela s'est appliqué particulièrement aux Amériques et à certaines parties de l'Asie, où les animaux domestiques étaient peu abondants. Néanmoins, le rythme de la croissance s'est accéléré. Il y a 5000 ans environ, la majorité des êtres humains avait fait la transition de la viande sauvage à la chair d'animaux domestiques.

Dans l'ampleur de ses conséquences, aucune autre invention ne peut rivaliser avec l'agriculture (sauf, depuis 1940, l'invention d'armes qui peuvent nous annihiler jusqu'au dernier). La carrière humaine se répartit en deux : tout ce qui vient avant la révolution néolithique, et tout ce qui vient après. Bien que les trois âges de la pierre (l'Éolithique, le Paléolithique et le Néolithique) semblent appartenir à un tout, ce n'est pas le cas. Le Mésolithique a bien plus en commun avec les périodes suivantes qu'avec les millions d'années d'outillage de pierre qui l'ont précédé. La révolution agricole a produit un mode de subsistance entièrement nouveau, qui demeure à ce jour le fondement de l'économie mondiale. La technologie alimentaire de l'âge néolithique est la seule dont nous ne saurions nous passer. Les récoltes d'une douzaine de peuples anciens nourrissent les six milliards d'habitants sur terre aujourd'hui. En dépit de plus de deux siècles d'amélioration scientifique des cultures, de la soi-disant révolution verte des années 1960 et de l'ingénierie génétique des années 1990, pas un seul aliment de base n'a été ajouté au répertoire de nos récoltes depuis la préhistoire.

Bien que l'âge néolithique ait finalement mené à la transformation des métaux dans plusieurs parties du monde, et à la révolution industrielle en Europe, ce n'était là que variations élaborées sur un même thème, non pas un changement fondamental de la subsistance. Le village néolithique ressemblait à un village de l'âge du bronze ou de l'âge du fer, ou à un village du tiers-monde moderne.

À partir du Néolithique, le procédé archéologique victorien qui consiste à classer les étapes du développement humain selon le matériel d'outillage devient peu efficace. Il peut avoir quelque mérite en Europe, où la technologie est souvent liée au changement social, mais n'est guère utile pour comprendre ce qui se passe dans des endroits où la pénurie de choses que notre culture technologique considère comme élémentaires — métal, charrues, roues, etc. — a été ingénieusement contournée ou bien, à l'inverse, a été jugée sans importance[35]. Par exemple, la roue a été inventée en Mésopotamie quelque 4000 ans avant J.-C., mais il a fallu 2000 ans de plus avant qu'elle soit utilisée chez le proche voisin qu'était l'Égypte. Les Mayas de la période classique, une civilisation lettrée qui rivalisait avec l'Europe classique en mathématiques et en astronomie, utilisaient si peu de métaux qu'ils en étaient techniquement à l'âge de la pierre[36]. Par contraste, l'Afrique subsaharienne a maîtrisé le travail du fer dès 500 ans avant J.-C. (en même temps que la Chine), mais n'a jamais développé une civilisation intégrale[37]. Les Incas du Pérou, où le travail des métaux a commencé environ 1500 ans avant J.-C., ont édifié l'un des empires les plus vastes et les plus précisément administrés du monde, mais il se peut qu'ils y soient arrivés sans l'écriture telle que nous la connaissons (encore que, selon l'évidence, le quipu fût en fait une forme d'écriture[38]). Le Japon a

produit de la poterie bien avant quiconque il y a plus de
12 000 ans, mais la culture rizicole et la civilisation
intégrale n'y sont apparues que 10 000 ans plus tard,
héritées en tous points de la Chine et de la Corée. Les
Japonais n'ont pas commencé à travailler le bronze
avant 500 ans avant J.-C., mais sont devenus célèbres
pour leur travail de l'acier au XVIe siècle. À cette époque,
ils ont fait l'acquisition d'armes à feu européennes, puis
les ont abandonnées pendant 300 ans.

Par conséquent, nous devrions nous méfier du
déterminisme technologique, car il tend à sous-estimer
les facteurs culturels et à réduire des questions complexes d'adaptation humaine à une pensée simpliste :
« Puisque nous sommes les gagnants de l'histoire, pourquoi les autres n'ont-ils pas fait comme nous ? » Nous
appelons l'agriculture et la civilisation des « inventions » ou des « expériences » parce qu'elles nous
apparaissent ainsi rétrospectivement. Cependant, elles
ont débuté accidentellement, comme une série d'étapes
séduisantes sur le sentier menant, pour la plupart des
mortels, à une vie de monotonie et de dur labeur.
L'agriculture a produit la quantité aux dépens de la
qualité : plus de nourriture et plus de gens, mais rarement une meilleure nutrition ou une vie meilleure. Les
gens ont abandonné un vaste éventail d'aliments
naturels contre une poignée de tubercules mitadinés et
de grains, comme le blé, l'orge, le riz, la pomme de terre
et le maïs. À mesure que nous domestiquions les
plantes, celles-ci nous domestiquaient. Sans nous, elles
meurent, et sans elles, c'en est fait de nous. Nous ne
pouvons échapper à l'agriculture, sauf pour mourir en
masse de la famine, là où les sécheresses, la rouille et le
mildiou nous ont souvent amenés de toutes façons.
Presque de tout temps, la plupart des gens ont vécu au

bord de la famine, et dans une bonne partie du monde, ils en sont encore là[39].

Dans les sociétés de chasseurs-cueilleurs (exception faite de quelques cas spéciaux), la structure sociale était plus ou moins égalitaire, et les différences entre la richesse et le pouvoir du plus grand et du plus petit demeuraient légères. Le leadership était soit diffus, soit question de consensus, ou encore un statut qu'on obtenait par le mérite et l'exemple. Le chasseur couronné de succès ne s'asseyait pas à côté de sa prise pour la dévorer sur-le-champ : il en partageait la chair et gagnait ainsi en prestige. Si un leader devenait dominateur, ou si la minorité n'aimait pas une décision prise par la majorité, les gens pouvaient partir. Dans un monde peu peuplé, sans frontières et sans possessions, il était facile de montrer son désaccord en levant le camp.

Les villes et villages qui ont poussé les premiers après l'âge glaciaire dans une douzaine de centres agricoles répartis autour du monde semblent avoir conservé ces agréables façons de faire pendant un certain temps. La plupart étaient de petites communautés de paysans dans lesquelles tout un chacun s'employait à des tâches similaires et avait un style de vie comparable[40]. Ou bien la terre était détenue par la communauté, ou on considérait qu'elle n'avait pas de propriétaire, sauf les dieux. Les fermiers qui s'enrichissaient en raison de leur compétence et de leurs efforts avaient l'obligation de partager avec les nécessiteux auxquels ils étaient unis par des liens de parenté.

Toutefois, les différences de richesse et de pouvoir se sont graduellement enracinées. La liberté et les occasions d'ascension sociale ont décliné à mesure que croissaient les populations et que les frontières se durcissaient entre les groupes. Ce modèle est d'abord apparu dans les villages néolithiques du Moyen-Orient, puis il s'est reproduit dans le monde entier. Les premiers fermiers le long du Danube, par exemple, n'ont laissé que des outils dans les vestiges anciens, alors que les établissements ultérieurs sont fortement fortifiés et jonchés d'armes. Ici, dit le grand archéologue australien Gordon Chile, « nous constatons presque l'état de guerre de tous contre tous qui survient [...] quand la terre se fait rare[41] ». Comme il écrivait ces propos en 1942, pendant la politique expansionniste *Lebensraum*[42] de Hitler, Childe n'a pas eu besoin de souligner combien peu le monde avait changé depuis l'âge paléolithique.

Comme l'a dit le Dr Johnson, le patriotisme est sans doute « le dernier refuge du vaurien », mais c'est aussi le premier recours du tyran. Les gens qui ont peur des étrangers sont facilement manipulés. La caste des guerriers censée protéger la société se rend souvent coupable d'extorsion. En temps de guerre ou de crise, le plus grand nombre perd le pouvoir aux mains de quelques-uns qui promettent la sécurité. Plus insaisissable ou imaginaire est l'ennemi, mieux on parvient à fabriquer le consentement. L'Inquisition a fait un commerce rugissant avec le Diable[43]. La lutte du XXe siècle entre capitalisme et communisme portait toutes les marques des anciennes guerres de religion. La défense de l'un ou de l'autre système valait-elle *vraiment* le risque de faire sauter la planète ?

Nous perdons à présent des libertés remportées de haute lutte sous le prétexte d'une « guerre au terrorisme » à l'échelle mondiale, comme si le terrorisme était quelque chose de nouveau. (Ceux qui pensent que ça l'est devraient lire *L'Agent secret*, un roman dans lequel des anarchistes rôdent dans Londres, munis de bombes suicidaires et d'explosifs ; le roman, écrit il y a cent ans, est l'œuvre de Joseph Conrad[44].) Le musulman fanatique est un remplaçant digne de l'hérétique, de l'anarchiste et, surtout, du péril rouge, qui a si bien servi les budgets militaires tout au long de la guerre froide.

La révolution néolithique semble avoir été inévitable, ou presque, là où on en trouvait les éléments essentiels. Si la découverte de l'agriculture avait été suscitée par une combinaison de circonstances exceptionnelles, nous nous serions attendus à ce qu'elle se produise seulement dans un endroit précis, puis qu'elle se répande vers l'extérieur, ou encore, qu'elle se produise très rarement et à des époques extrêmement différentes. Jusqu'au Paléolithique supérieur (ou peu de temps auparavant[45]), Dame nature avait gardé tous ses singes touche-à-tout enfermés dans un seul grand laboratoire, celui de l'Ancien Monde. Mais une fois que les singes sortirent et s'en allèrent dans le Nouveau Monde, il y eut deux laboratoires, chacun pourvu de différents matériaux bruts et pratiquement coupé de l'autre lorsque la fonte des glaciers rehaussa le niveau de la mer[46]. Étant donné que les plantes, les animaux, les milieux et la technologie étaient si différents dans chacun des laboratoires, on reste stupéfait de constater que des sentiers similaires ont été empruntés de part et d'autre de la terre — et ont donné des résultats si semblables.

Lorsque les Espagnols atteignirent l'intérieur américain au début du XVIᵉ siècle, les peuples de l'hémisphère occidental et de l'hémisphère oriental ne s'étaient plus revus depuis que leurs ancêtres, chasseurs de l'âge glaciaire en manque de gibier, s'étaient quittés. Il est vrai qu'il y avait eu quelques contacts avant Colomb — avec les Polynésiens, les Vikings et peut-être des peuples asiatiques —, mais ils avaient été trop fugaces et étaient survenus trop tard pour affecter la flore ou la faune indigènes ou même la montée de la civilisation. Pas même des matelots brevetés comme le rat surmulot et le cancrelat n'avaient atteint les Amériques avant Colomb, pas plus que ne l'avaient fait les terribles fléaux de l'Ancien Monde, notamment la variole[47].

Ce qui a eu lieu au début des années 1500 fut réellement exceptionnel, quelque chose qui ne s'était jamais produit auparavant et qui ne se reproduira jamais plus. Deux expériences culturelles, se déroulant indépendamment depuis au moins 15 0000 ans, se trouvèrent enfin face à face. L'incroyable, après tout ce temps, est que chacune pouvait reconnaître les institutions de l'autre. Quand Cortés mit pied à terre au Mexique, il y trouva des routes, des canaux, des cités, des palais, des écoles, des tribunaux, des marchés, des travaux d'irrigation, des rois, des prêtres, des temples, des paysans, des artisans, des armées, des astronomes, des marchands, des sports, du théâtre, de la musique et des livres. Des civilisations avancées s'étaient développées de part et d'autre de la terre, différentes dans les détails, mais semblables pour l'essentiel.

Le cas type de l'Amérique porte à croire que nous sommes des créatures prévisibles, poussées partout par des besoins, des désirs, des espoirs et des sottises identiques. Certaines expériences moins importantes conduites indépendamment ailleurs n'avaient pas atteint le même niveau de complexité, mais elles étaient nombreuses à montrer les mêmes tendances. Des mini-civilisations, avec rang social, agriculture intensive et monuments de pierre, ont même poussé sur les îles de la lointaine Polynésie, colonisées par les descendants d'une cargaison ou deux de marins intrépides.

Devant non seulement la similarité, mais aussi le synchronisme de ces développements distincts, nous devons nous demander pourquoi il n'y eut aucune culture domestique avant la fin du dernier âge glaciaire. Les gens d'il y a 20 000 ans étaient tout aussi intelligents que ceux d'il y a 10 000 ans ; ils n'étaient pas tous gavés de gibier, et la glace n'avait pas d'emprise dans les basses latitudes.

L'une des réponses possibles à cette question constitue une source d'inquiétude pour nous à présent. En examinant des carottes de glace anciennes, qui laissent une marque annuelle comme les cercles des arbres, les climatologues ont pu retracer les températures moyennes du globe sur quatre millions d'années. Ces études montrent que le climat mondial a été inhabituellement stable au cours des 10 000 dernières années, soit exactement la durée de vie de l'agriculture et de la civilisation. Il semble que nous n'aurions pu développer l'agriculture plus tôt, même si nous l'avions tenté. Les études montrent que le climat de la terre a parfois fluctué frénétiquement, se dégageant d'un âge glaciaire, ou plongeant dans un autre, non pas au cours de siècles, mais bien de décennies[48].

On connaît mal les déclencheurs naturels de tels événements. Une réaction en chaîne quelconque, peut-être un renversement soudain des courants océaniques, ou la libération de méthane du pergélisol en fonte, pourrait provoquer des bouleversements rapides. Dans son ouvrage sur les études de carottes glaciaires, Richard Alley fait remarquer ce qui devrait être évident, soit que « les humains ont bâti une civilisation adaptée au climat que nous avons. De plus en plus, l'humanité utilise tout ce que ce climat fournit [et] le climat des quelques derniers millénaires est pratiquement ce qu'on peut souhaiter de meilleur[49]. »

Le changement ne sert pas nos intérêts. La seule politique rationnelle dont nous disposons est de ne pas risquer de le provoquer. Et pourtant, nous avons la preuve certaine que la civilisation même, par l'émission de combustibles fossiles et d'autres perturbations, est en train de bouleverser la longue période de calme qui l'a vue croître. Des glaciers continentaux se détachent des deux pôles; d'autres fondent dans les Andes et l'Himalaya; certains ont disparu en moins de vingt-cinq ans[50]. Des sécheresses et des températures inhabituellement élevées ont déjà causé la chute ou la stagnation de la production mondiale de grains huit ans de suite. Pendant ces mêmes huit années, le nombre de bouches à nourrir a augmenté de 600 millions.

Le réchauffement constant sera bien assez mauvais, mais le pire qui puisse en résulter serait un revirement soudain de l'équilibre climatique de la terre, un retour à son ancien régime de chaud-froid. Si cela se produit, les récoltes échoueront partout et la grande expérience de la civilisation connaîtra une fin catastrophique. En ce qui concerne la nourriture, nous sommes devenus tout aussi spécialisés, et donc tout aussi vulnérables, que le chat des cavernes.

Notes

1. Il semble de plus en plus certain que des gens ont atteint les Amériques (le dernier continent à être peuplé) avant l'estimation établie à il y a 15 000 ans. Vraisemblablement, cela suppose des embarcations — pour passer d'une île à l'autre et longer les côtes —, outre les routes terrestres dans l'isthme de Béring pendant les glaciations. Le continent australien, y compris la Nouvelle-Guinée, était une île tout au long de l'âge glaciaire, et pourtant des gens y ont accédé en passant d'une île à l'autre il y a de 40 000 à 60 000 ans.

2. L'événement, qui s'est produit il y a 65 millions d'années, était probablement le cinquième du genre. Depuis l'apparition de la vie complexe, la terre semble avoir lancé en moyenne une bombe cosmique par cent millions d'années. De nombreux scientifiques considèrent l'impact de l'humain sur la biosphère comme le début de la « sixième extinction ». Voir notamment Martin Rees, *Our Final Century*, Londres, William Heinemann/Random House, 2003, p. 100 *sq.*, publié en Amérique du Nord sous le titre *Our Final Hour.*

3. Le double *sapiens* est utilisé par ceux qui croient que les Néanderthaliens et les Cro-Magnons étaient des variantes de la même espèce (voir chapitre premier). Si le chiffre de 30 à 35 milliards correspond à la somme des humains et des Hominidés qui ont jamais vécu, au moins 20 à 25 milliards d'entre eux ont vécu dans des sociétés civilisées au cours des trois derniers millénaires. En d'autres termes, les deux tiers d'entre nous (ou davantage) avons vécu pendant le dernier millième de la carrière humaine, et ceux qui sont présentement en vie représentent environ un cinquième ou un sixième du total.

4. On peut soutenir qu'il existe quelques exceptions à la définition agricole dans les régions où les ressources

alimentaires naturelles étaient inhabituellement abondantes et prévisibles. Le meilleur exemple historique d'une civilisation naissante sans agriculture est celui de la côte nord-ouest de l'Amérique du Nord, mais de tels cas ont été plus nombreux dans le passé distant. Les universitaires avaient coutume d'insister sur des critères spécifiques, par exemple l'écriture, dans la définition de l'état d'une civilisation. Les définitions modernes sont plus souples et examinent la portée et la complexité générales d'une culture. Voir Bruce Trigger, *Early Civilisations: Ancient Egypt in Context*, Le Caire, American University in Cairo Press, 1993, p. 7.

5. George Gilmer, gouverneur de Géorgie, a dit dans les années 1830 : « Les traités étaient des expédients par lesquels [...] les peuples sauvages étaient amenés à [...] céder ce que les peuples civilisés avaient le droit de posséder. » Le « déplacement », ou nettoyage ethnique, des Cherokees à cette époque a inclus le recours aux marches forcées et aux camps de concentration dans lesquels des civils sont morts par milliers ; voir Ronald Wright, *Stolen Continents: Conquest and Resistance in the Americas*, Boston, Houghton Mifflin, 1992, chap. 14. (L'expression « camp de concentration » a été inventée par les Britanniques pendant la guerre des Boers.) Pour une étude sur l'holocauste et d'autres atrocités modernes dérivant de la politique coloniale raciste, surtout en Afrique, voir Sven Lindqvist, *Exterminez toutes ces brutes*, traduit du suédois par Alain Gnaedig, Paris, Le Serpent à plumes, 1998.

6. Le Colisée et d'autres cirques romains ont connu des sacrifices sanguinaires sur une échelle fantastique ; pendant les quatre mois des jeux de Trajan, 5000 hommes et 11 000 animaux ont été abattus.

7. Certaines estimations sont beaucoup plus élevées, surtout lorsque la famine et les maladies causées par la guerre sont prises en compte.

8. Gandhi n'était certainement pas, selon l'insulte lancée par Churchill, un « fakir nu » ; il avait étudié le droit à Londres dans les années 1890.

9. John Milton, *Paradis perdu*, traduction de François-René de Chateaubriand, document électronique <http://www.acamedia.fr>.

10. À la veille de l'âge de la vapeur, en 1825, la population mondiale était d'environ un milliard ; si la civilisation industrielle devait s'effondrer, la population viable retournerait à un niveau semblable. Dit sans ménagements, des milliards périraient.

11. Eric Harth, cité dans Christopher Stringer et Robin McKie, *African Exodus : The Origins of Modern Humanity*, New York, Henry Holt/John Macrae, 1997, p. 243. Dans *Ecological Imperialism : The Biological Expansion of Europe 900-1900*, Cambridge, Cambridge University Press, 1986, p. 14, Alfred Crosby écrit : « Il y a quelque 100 000 ans, le cerveau humain avait la taille qu'il a aujourd'hui, ce qui est probablement la plus grande taille qu'il aura jamais. »

12. William Golding, *Chris Martin*, traduit de l'anglais par Marie-Lise Marlière, Paris, Gallimard, 1960, p. 218. Ce roman, publié peu de temps après *Les Héritiers*, réfléchit sur la nature de l'homme dans un cadre moderne : l'esprit d'un marin torpillé dans l'Atlantique Nord.

13. L'arc et la flèche sont sans doute apparus plus tard, mais le propulseur lance-javelines (connu des archéologues sous le nom aztèque de *atatl*) fut presque certainement une invention du Paléolithique supérieur. Il accroissait la longueur et la portée du lancer humain, un peu comme le ferait un bâton de jeu de crosse.

14. Les murales de la grotte Chauvet près d'Avignon, qui figurent parmi les plus anciennes d'Europe, montrent un degré de sophistication et de maturité atteint il y a 32 000 ans. Bien que généralement présumées l'œuvre de Cro-Magnons, elles auraient tout aussi bien pu être

celle de Néanderthaliens. Toutefois, les dates ont été contestées et attendent une autre datation au carbone (voir *Antiquity*, mars 2003). L'âge d'or de l'art des cavernes européen est venu bien plus tard, il y a quelque 17 000 à 15 000 ans, à Lascaux et à Altamira. Probablement pas considéré comme un « art » par ses créateurs, il était sans doute de nature shamanique, conçu comme un culte aux pouvoirs de la nature afin d'accroître le gibier.

15. À partir de maintenant, j'utilise la version plus courte de notre nom pour plus de facilité.

16. Un bison de moindre taille a survécu en Amérique du Nord, bien sûr, comme l'a fait le chevreuil, ainsi que les camélidés (famille du lama) en Amérique du Sud.

17. Dans *Ecological Imperialism*, p. 272, Crosby écrit : « Les humains, même s'ils ne sont pourvus que d'une torche et d'armes de pierre [...] sont les prédateurs les plus dangereux et les plus implacables au monde. »

18. Les mammouths sont morts à Piedmost, dans la République tchèque, les chevaux, en France, à Solutré, qui a donné son nom à la superbe pointe solutréenne. Voir William Howells, *Mankind in the Making : The Story of Human Evolution*, Londres, Secker and Warburg, 1960, p. 206, et Andrew Goudie, *The Human Impact on the Natural Environment*, Oxford, Blackwell, 2000, p. 145. Stringer et McKie donnent un excellent résumé de la migration humaine et de ses conséquences à cette époque dans *African Exodus*, p. 163-178, et ils mentionnent que les côtes d'un mammouth malchanceux d'Arizona étaient piquées de huit pointes Clovis. Voir aussi Paul Martin, « Prehistoric Overkill : The Global Model » dans Paul S. Martin et Richard G. Klein, dir., *Quaternary Extinctions : A Prehistoric Revolution*, Tucson, University of Arizona Press, 1984.

19. Howells, *Mankind in the Making*, p. 206.

20. Ian Tattersall, *The Last Neanderthal: The Rise, Success, and Mysterious Extinction of Our Closest Human Relatives*, New York, Westview Press, 1999, p. 203.

21. Herman Melville, *Moby Dick*, chap. 105. Traduction de Henriette Guex-Ruelle, Paris, GF Flammarion, 1970. Le nombre exact de bisons abattus est inconnu. Les estimations vont de 30 à 60 millions. Dans les années 1870, plus d'un million par année étaient tués par des chasseurs blancs ; dès la fin du siècle, il ne restait plus que quelques centaines d'animaux.

22. Voir notamment Hugh Brody, *The Other Side of Eden : Hunters, Farmers and the Shaping of the World*, Vancouver, Douglas and McIntyre, 2000.

23. Voir Crosby, *Ecological Imperialism*, et David Steadman, « Prehistoric Extinctions of Pacific Island Birds », *Science*, n° 267, février 1995, p. 1123-1131.

24. Tim Flannery, *The Future Eaters : An Ecological History of the Australian Lands and People*, New York, Braziller, 1995.

25. Les expériences modernes dans la cueillette du blé amidonnier au Moyen-Orient ont donné un rendement allant jusqu'à 4 000 livres l'acre (4 500 kilos l'hectare). Au Mexique, on a démontré qu'une demi-journée passée à faucher le teocintle, un cousin sauvage du maïs, peut nourrir une personne pendant dix jours (voir Clive Ponting, *A Green History of the World : The Environment and the Collapse of Great Civilizations*, Londres, Sinclair-Stevenson, 1991, p. 39). On ne sait pas bien si le teocintle (aussi teosinte) est l'ancêtre ou simplement un cousin éloigné du maïs. Certains experts pensent que le maïs domestiqué, qui ne peut se reproduire sans aide, s'est croisé avec des parents sauvages, tuant ainsi son patrimoine génétique ancestral — un avertissement de ce qui pourrait arriver à d'autres produits de base si les cultures transgéniques d'aujourd'hui échappent à notre influence.

26. Voir Tom D. Dillehay, dir., *Monte Verde : A Late Pleistocene Settlement in Chili*, Washington, D. C., Smithsonian Books, 1989. On trouvera des résumés dans Michael E. Moseley, *The Incas and Their Ancestors : The Archaeology of Peru*, Londres, Thames and Hudson, 1992, p. 83-85 et dans Chris Scarre, *Grand Atlas de l'archéologie*, traduit de l'anglais par Denis-Arnaud Canal, Paris, Larousse, 1990, p. 70. Les vestiges comprennent des herbes médicinales qui semblent avoir été utilisées rituellement dans un édifice particulier.

27. L'exception australienne résulte probablement d'un climat sec et incertain, et peut-être aussi de la rareté des végétaux potentiellement cultivables. L'Australie a été peuplée bien avant les Amériques, et la disette critique — l'extinction du gros gibier — est peut-être survenue alors que l'instabilité climatique mondiale rendait les expériences agricoles impossibles.

28. Par exemple, l'ouvrage de Jared Diamond, *Guns, Germs, and Steel : The Fates of Human Societies*, New York, W. W. Norton, 1997, nous renseigne sur les germes, mais n'est pas fiable en ce qui concerne les données et l'interprétation archéologiques et historiques. En particulier, la datation et la description de l'agriculture dans le Nouveau Monde est imparfaite, et son évocation du renversement d'Atahuallpa et d'autres conquêtes espagnoles omet d'importantes données et me paraît tendancieuse.

29. Le quinoa est un grain non céréalier de la famille du chénopode (ou ansérine). De nouvelles découvertes au Mexique font état du maïs domestiqué il y a 6250 ans (voir *Science*, 14 novembre 2003). Le maïs à forte productivité et à gros épis a été mis au point quelque 2000 ans plus tard parce que son importance dans le régime alimentaire croissait rapidement, et il s'est répandu de la Méso-Amérique à l'Amérique du Sud.

Le manioc, une plante sud-américaine, a fait le chemin inverse. Voir Robert J. Sharer, *The Ancient Maya*, Stanford, CA, Stanford University Press, 1994, p. 54.

30. Les plus anciennes plantes domestiquées dans les Andes et la Méso-Amérique sont comparables en âge à celles du Moyen-Orient. Des plantes récoltées et cultivées datant de 10 000 ans, y compris plusieurs variétés servant de fibre et de litière, ont été trouvées dans la grotte de Guitarrero au Pérou. Le haricot commun, le haricot de Lima et les piments qui s'y trouvaient étaient certainement domestiqués. Des tubercules — olluco et pomme de terre — domestiqués aussi il y a 10 000 ans ont été trouvés à Tres Ventanas, dans le bassin versant supérieur de Chilca, et des cucurbitacées du même âge à Ayacucho. Voir Moseley, *Incas and Their Ancestors*, p. 96-97.

31. Les graines anciennes ont été beaucoup mieux préservées dans des endroits secs plutôt qu'humides, de sorte que l'importance des basses terres, comme les jungles du Sud-Est asiatique, la Nouvelle-Guinée et l'Amazonie, a pu être sous-estimée en raison du manque d'évidence. De nouvelles découvertes dans le marécage Kuk en Nouvelle-Guinée indiquent qu'on y cultivait du chou-dashine, de la banane et du sucre il y a 7000 ans (voir *Science*, 11 juillet 2003).

32. Le tableau est suspendu dans la cathédrale de Cuzco, l'ancienne capitale inca. Dans l'ouvrage *Peru Before the Incas*, Englewood Cliffs, NJ, Prentice-Hall, 1967, Edward Lanning livre un bon résumé des plantes et animaux domestiqués au Pérou. Les origines et les dates de la domestication sont maintenant mieux connues par suite de découvertes, notamment à la grotte de Guitarrero. Le quechua, la langue inca, a un mot autochtone signifiant « poulet », et il est de plus en plus certain que le Pérou possédait des poulets d'origine asiatique ou polynésienne avant l'arrivée de Colomb.

33. Dans *Peru Before the Incas*, p. 15, Lanning en énumère trente-neuf. Voir aussi l'ouvrage du National Research Council, *Lost Crops of the Incas*, Washington, DC, National Academy Press, 1989 ; on y trouve la liste de trente cultures andéennes qui, bien que négligées, ont un potentiel mondial, et la description de douzaines d'autres provenant d'Amérique du Sud. La Méso-Amérique partageait certaines d'entre elles, mais avait également une riche diversité de plantes autochtones. Le maïs et la pomme de terre sont environ deux fois plus productifs que le blé (voir Ponting, *Green History*, p. 112). Dans *Seeds of Change : A Quincentennial Commemoration*, Washington, DC, Smithsonian Institution Press, 1991, Herman Viola et Carolyn Margolis documentent l'impact des cultures du Nouveau Monde sur l'Ancien Monde, sujet sur lequel je reviens au chapitre 5.

34. Stringer et McKie, *African Exodus*, p. 163.

35. Selon Bruce Trigger, dans *Early Civilizations*, p. 33 : « Le principal facteur économique ayant modelé le développement des civilisations primaires fut la production plus intensive de la nourriture, par rapport à quoi la technologie des outils tranchants n'a joué qu'un rôle mineur [...] la complexité des outils disponibles dans chacune des civilisations primaires ne correspond pas à l'intensité de la production agraire ; non plus qu'aucune de ces civilisations semble avoir possédé des outils aussi élaborés que ceux des sociétés tribales de l'âge de fer en Europe. »

36. Dans *The Fall of the Ancient Maya : Solving the Mystery of the Maya Collapse*, Londres, Thames and Hudson, 2002, p. 77, David Webster écrit : « Des sociétés extrêmement complexes peuvent évoluer sans beaucoup de changement technologique, une idée contre-intuitive pour nous, dont la vie est affectée par des innovations rapides et puissantes. »

37. En Chine, les « âges » du bronze et du fer ont long-temps coexisté, et les étapes technologiques n'ont pas suivi l'ordre supposément « logique » de l'Eurasie occidentale. Le bronze est demeuré le métal de prédi-lection pour les armes bien après la découverte du fer. Dans *China*, Londres, Thames and Hudson, 1961, p. 15, William Watson écrit : « Le fer a été coulé des siècles avant qu'il soit forgé, semant ainsi la confusion dans notre préjugé occidental sur le développement naturel de cette technique. »

38. Dans l'article « Ancient West Mexican Metallurgy : South and Central American Origins and West Mexican Transformations », *American Anthropologist*, 90, n° 4, 1988, p. 832-855, Dorothy Hosler expose les ori-gines et la distribution des techniques depuis l'Amérique du Sud jusqu'au Mexique, soutenant que les Andes ont connu deux traditions distinctes du travail des métaux. Le travail des métaux dans les Andes méri-dionales a été identifié sous la forme de scories de cuivre aux sites de Wankarani en Bolivie (dont le plus grand comportait plus de 700 habitations), et à Waymaka, près d'Andahuaylas (voir Moseley, *Incas and Their Ancestors*, p. 144 et 148). Au temps des Incas, l'usage quotidien des outils de bronze s'est lar-gement répandu. Que le fer, probablement d'origine météorique, fût connu est confirmé par l'existence d'un ancien mot quechua qui le désigne (*qquillay* ou *kkhellay).* Les quipus (*khipu*) étaient des systèmes élaborés de données nouées sur des cordelettes qu'une classe de fonctionnaires conservait dans des dépôts. Les données étaient codées avec des nœuds selon les types, positions, couleurs, etc. La clé pour décoder les quipus a été perdue pendant la conquête, lorsque les archives furent détruites et que la plupart des fonc-tionnaires eurent fui ou péri. Il a été démontré que les mathématiques du quipu utilisent le zéro (comme le

faisaient les Mayas), mais avec un système décimal plutôt que le compte vigésimal de la Méso-Amérique. Des survivants incas ont soutenu que les quipus pouvaient contenir des narrations de même que des informations statistiques. Les érudits sont demeurés sceptiques à ce sujet jusqu'à récemment, mais les travaux récents de Gary Urton indiquent que le système était « un code binaire tridimensionnel » comportant au moins 1536 « unités d'information » ou signes, soit davantage que l'écriture cunéiforme sumérienne. Voir *Science*, 13 juin 2003.

39. Ainsi, des squelettes mérovingiens français du début du Moyen Âge montrent une inanition chronique, en partie parce que le métal était réservé aux armes, de sorte que les paysans, qui avaient perdu l'art de fabriquer des outils de pierre, devaient travailler la terre avec des grattes et des charrues en bois. Georges Duby et Robert Mandrou, cités dans Jane Jacobs, *The Economy of Cities*, New York, Random House, 1969, p. 14-15.

40. Çatak Hüyük, qui est près d'un volcan, semble avoir fait le commerce de l'obsidienne.

41. Gordon Chile, *What Happened in History*, Harmondsworth, Pelican, 1964, p. 74.

42. Le « salon » du *volk* allemand.

43. Le déclin du Diable depuis le siècle des Lumières est illustré dans une anecdote tirée de la vie du grand géologue et naturaliste français Georges Cuvier (1769-1832). Une nuit, un de ses élèves se déguise en Diable ressemblant à un bouc, s'élance dans la chambre de Cuvier et menace de le dévorer. Cuvier examine l'apparition de pied en cap et dit : « Je doute que vous puissiez le faire. Vous avez des cornes et des sabots. Vous ne mangez que des végétaux. » (Glyn Daniel, *The Idea of Prehistory*, Harmondsworth, Pelican, 1962, p. 34.)

44. *L'Agent secret* a été publié sous forme de feuilleton en 1906, puis de livre en 1907. Le mot « terrorisme » est apparu à l'époque de la Révolution française, au sens de la foule violente. En 1813, John Adams demandait à Thomas Jefferson dans une lettre rappelant les émeutes de Philadelphie : « Que pensez-vous du terrorisme, M. Jefferson ? »

45. Certains chercheurs soutiennent que des petites migrations vers les Amériques ont commencé il y a environ 50 000 ans. L'opinion généralement admise est que l'Amérique n'a pas été peuplée avant 15 000 ans.

46. L'Australie a constitué un troisième laboratoire. Les opinions varient sur la raison pour laquelle l'agriculture ne s'y est jamais développée (voir note 27, ci-dessus). Il existe cependant des vestiges de villages aux habitations de pierre dont la population vivait de la culture de l'igname et d'autres plantes sauvages — une étape importante vers l'horticulture.

47. Ces pandémies et leurs effets sont traités dans le chapitre cinq.

48. Voir Richard Alley, *The Two-Mile Time Machine : Ice Cores, Abrupt Climate Change, and Our Future*, Princeton, Princeton University Press, 2000. En 2004, des chercheurs britanniques ont obtenu des carottes glaciaires remontant à 800 000 ans avant J.-C., BBC World News, 9 juin 2004. La période de vives fluctuations d'il y a quelque 35 000 ou 40 000 ans a peut-être permis aux Cro-Magnons, branche de l'humanité des régions chaudes du sud, d'envahir les Néanderthaliens du nord, adaptés à la vie en climat froid.

49. *Ibid.*, p. 192. À la fin de 2003, les réserves mondiales de grains avaient chuté à seulement 16,2 pour cent de la consommation, alors qu'elles atteignaient près de 30 pour cent entre 1990 et 2000. Voir Martin Mittelstaedt, « The Larder Is Almost Bare », *The Globe and Mail*, 22 mai 2004.

50. Dans *High Tides : News from a Warming World*, Londres, Flamingo, 2004, Mark Lynas décrit la disparition d'un impressionnant glacier en escalier au Pérou. Inge Bolin a fait état de preuves ethnographiques et scientifiques sur la disparition rapide d'autres glaciers dans « Our Apus Are Dying ! : Glacial Retreat and Its Consequences for Life in the Andes », exposé livré aux rencontres de l'American Anthropological Association en novembre 2003.

Chapitre 3

Le paradis de la sottise

CE QUI ÉTONNE LE PLUS DE L'ANCIEN MONDE, c'est qu'il soit si récent. Il n'existe aucune cité ni aucun monument de plus de 5000 ans. Seulement quelque soixante-dix vies d'environ soixante-dix ans ont été vécues bout à bout depuis le début de la civilisation[1], dont la course entière n'occupe que 0,2 pour cent des deux millions et demi d'années qui se sont écoulées depuis que le premier de nos ancêtres a affûté une pierre.

Dans le chapitre précédent, j'ai esquissé l'essor et la chute du « chasseur humain » à l'âge de la pierre taillée. Son propre progrès, le perfectionnement des armes et des techniques, a mené directement à la fin de la chasse comme mode de vie, sauf dans de rares endroits où les conditions favorisaient les proies. Vint ensuite la découverte de l'agriculture dans plusieurs parties du monde, probablement par des femmes, pendant le nouvel âge de pierre, ou le Néolithique. De là est née l'expérience humaine de la civilisation, débutant avec plusieurs entreprises indépendantes, mais qui, au cours des derniers siècles, ont fusionné (surtout par rachat hostile) en un énorme système qui couvre et consomme la terre.

Certains signes indiquent que cette expérience, comme celle de la chasse, risque maintenant de succomber, victime de son propre succès. J'ai déjà mentionné les armes nucléaires et les gaz à effet de serre. Le gros bang contenu dans l'atome est évidemment plus meurtrier que les petits bangs de millions de moteurs ; mais si nous sommes malchanceux ou imprudents, les deux types pourraient mettre fin à la civilisation à l'échelle qu'on lui connaît présentement. Des technologies beaucoup plus simples se sont révélées fatales par le passé. Parfois, les ennuis proviennent d'une invention ou d'une idée particulière ; mais ils proviennent aussi de la structure sociale, de la manière dont les gens ont tendance à se comporter lorsqu'ils sont pressés les uns contre les autres dans des sociétés urbaines, où le pouvoir et la richesse montent vers le haut, et où la majorité est dominée par une minorité.

Dans le présent chapitre, je veux parler de deux pièges tendus par le progrès : l'un sur une petite île du Pacifique, l'autre dans les plaines de l'Irak.

J'ai déjà mentionné que les épaves de nos expériences ratées jonchent les déserts et les jungles comme autant d'avions de ligne dont les enregistreurs de vol peuvent nous dire ce qui a cloché. L'archéologie est sans doute le meilleur outil dont nous disposons pour penser à l'avenir, car elle nous fournit une lecture approfondie de la direction et de l'élan de notre voyage dans le temps : ce que nous sommes, d'où nous venons et, par conséquent, où nous sommes le plus susceptible d'aller.

Contrairement à l'histoire écrite, qui est souvent considérablement revue et corrigée, l'archéologie peut découvrir des faits que nous avons oubliés ou avons choisi d'oublier. La compréhension réaliste du passé est chose plutôt nouvelle, un fruit tardif du siècle des Lumières, encore que les gens de bien des époques aient senti le pouvoir d'attraction de ce que l'antiquaire élisabéthain William Camden a appelé la « curiosité qui regarde en arrière ». « L'Antiquité, a-t-il écrit, a une certaine ressemblance avec l'éternité. [C'est] une gâterie de l'esprit[2]. »

Tout le monde n'avait pas l'esprit aussi ouvert en ce temps-là. Un vice-roi d'Espagne au Pérou qui venait juste de voir la capitale inca haut perchée dans les Andes, avec ses murs de pierres géants sertis comme des gemmes, écrivait à son roi : « J'ai examiné la forteresse que [les Incas] ont bâtie [...] qui montre clairement l'œuvre du Malin [...] car cela ne semble pas possible que la force et l'adresse d'hommes aient pu le faire[3]. »

Encore aujourd'hui, certains optent pour la mystification, préférant croire que les merveilles de l'Ancien Monde on été construites par les Atlantes, des dieux ou encore des voyageurs extraterrestres, plutôt que par des milliers de personnes peinant au soleil. Pareille façon de penser vole nos précurseurs de ce qui leur est dû et nous prive de leur expérience. Parce qu'alors, on peut penser ce qu'on veut du passé sans avoir à se confronter aux os, aux tessons et aux inscriptions qui nous disent que, partout dans le monde, les gens ont fait et refait les mêmes progrès et les mêmes bêtises.

Environ deux siècles après l'invasion du Pérou par les Espagnols, une flotte hollandaise dans les mers du Sud, loin à l'ouest du Chili et sous le tropique du Capricorne, tomba par hasard sur un spectacle à peine moins impressionnant que les édifices mégalithiques des Andes. Le jour de Pâques 1722, les Hollandais aperçurent une île inconnue, tellement dénuée d'arbres et érodée qu'ils confondirent ses collines stériles avec des dunes. Alors qu'ils s'approchaient, ils furent ébahis de voir des centaines d'images de pierre, certaines aussi hautes qu'une maison d'Amsterdam. « Nous ne pouvions pas comprendre comment il avait été possible que ces gens, qui sont dépourvus de gros bois d'œuvre [ou] de cordages solides, aient néanmoins été capables d'ériger de telles images, lesquelles faisaient bien trente pieds de hauteur[4]. » Plus tard, le capitaine Cook confirme l'aspect désolé de l'île où il ne trouve « point de bois à brûler et point d'eau douce dont on puisse remplir les futailles ». Il décrit les minuscules pirogues des insulaires, faites de débris de bois de grève cousus ensemble comme du cuir de molleterie, les pires de tout le Pacifique. « La Nature, conclut-il, a répandu ses faveurs avec bien de la réserve sur ce coin de terre[5]. »

Le grand mystère de l'île de Pâques, qui a frappé tous les premiers visiteurs, ne tenait pas uniquement à ces statues colossales occupant un coin du monde minuscule et lointain, mais au fait que ces pierres semblaient avoir été posées là sans appareil de levage, comme si elles étaient tombées du ciel. Les Espagnols, qui avaient porté au crédit du Diable les splendeurs de l'architecture inca, étaient tout bonnement incapables de reconnaître les accomplissements d'une autre culture. Même les observateurs scientifiques ne purent, tout d'abord, expliquer les mégalithes de l'île de Pâques. Les statues se tenaient là, narquoises, défiant le sens commun.

Nous connaissons maintenant la réponse à l'énigme, et elle fait froid dans le dos. N'en déplaise au capitaine Cook, la Nature n'avait pas été inhabituellement avare de ses faveurs[6]. Des études du pollen provenant des lacs de cratère de l'île ont montré que celle-ci a été jadis bien irriguée et bien verte, pourvue d'un sol volcanique riche nourrissant des bois denses de palmiers palmyre du Chili[7], un bois d'œuvre recherché qui croît aussi haut que le chêne. Aucun désastre naturel n'était venu changer cela : pas d'éruption volcanique, de sécheresse ou de maladie. La catastrophe survenue sur l'île de Pâques, ce fut l'homme.

Rapa Nui, comme les Polynésiens appellent l'endroit, a été établie au cours du Ve siècle de notre ère par des migrants venus des îles Marquises ou des îles Gambier, arrivés dans de gros catamarans chargés de leur éventail habituel de cultures et d'animaux : chiens, poulets, rats comestibles, canne à sucre, banane, patate douce, et le broussonetia pour faire du tissu en fibre d'écorce[8]. (La théorie de Thor Heyerdahl voulant que l'île ait été peuplée par l'Amérique du Sud ne trouve pas d'appui dans les travaux récents, même si des contacts sporadiques ont probablement eut lieu entre le Pérou et l'Océanie[9].) L'île de Pâques se révéla trop froide pour la culture de l'arbre à pain et du cocotier, mais elle était riche en produits de la mer : poissons, phoques, dauphins, tortues et oiseaux de mer nicheurs. En quelque cinq ou six siècles, la population s'était multipliée pour atteindre environ 10 000 âmes — beaucoup de monde pour une superficie de cent soixante-six kilomètres carrés. Les insulaires bâtirent des villages avec de bonnes maisons sur des assises de pierre, et transformèrent les meilleures terres arables en champs. Sur le plan social, ils se divisèrent en clans et en rangs — nobles, prêtres, hommes du peuple — et eurent peut-être un chef suprême ou un « roi ». Comme les Polynésiens d'autres îles, chaque clan a commencé à honorer ses ancêtres en sculptant d'impressionnantes statues de pierre. Elles étaient équarries à même le tuf volcanique d'un cratère et installées sur des plates-formes près de la grève. Avec le temps, le culte des statues entraîna de plus en plus de rivalité et d'extravagance, atteignant son apogée pendant le haut Moyen Âge européen, lorsque les Plantagenêt régnaient en Angleterre.

D'une génération à l'autre, les statues grandissaient, exigeant plus de bois d'œuvre, de cordages et de main-d'œuvre pour les hisser sur les *ahu*, ou autels. Les arbres étaient abattus plus vite qu'ils ne pouvaient pousser, un problème aggravé par les rats qu'amenaient les colons et qui mangeaient les graines et les jeunes pousses. Les couches annuelles des lacs de cratère montrent que, dès 1400 de notre ère, il n'y avait plus de pollen d'arbre ; les boisés avaient été complètement détruits, tant par les plus grands que par les plus petits des mammifères vivant sur l'île.

On pourrait croire que dans un endroit aussi restreint, où les insulaires pouvaient embrasser leur domaine d'un seul coup d'œil du haut du mont Terevaka, les Pascuans eussent pris des mesures pour faire cesser la coupe, protéger les jeunes arbres et reboiser. On pourrait croire qu'à mesure que les arbres se faisaient rares, l'érection des statues eût été réduite et le bois d'œuvre réservé à des fins essentielles, par exemple la construction d'embarcations et de toitures. Mais cela ne s'est pas produit ainsi. Les Pascuans qui ont abattu le dernier arbre étaient à même de constater que c'était bel et bien le dernier ; ils avaient l'entière certitude qu'il n'y en aurait jamais d'autres, mais ils l'ont néanmoins abattu[10]. Tout ombrage a disparu de l'île, sauf l'ombre aux arêtes tranchantes jetée par les ancêtres pétrifiés, encore plus aimés du peuple parce qu'ils brisaient sa solitude.

Le temps d'une génération ou à peu près, il y eut assez de vieux bois pour traîner les grandes pierres et conserver quelques pirogues capables de prendre la mer. Mais vint le jour où disparut le dernier bateau en bon état. Les Pascuans surent alors qu'il n'y aurait que très peu de fruits de mer et, encore pire, aucun moyen de s'évader. Le mot *rakau*, qui signifie « bois », devint le plus cher de la langue. Les clans se faisaient la guerre pour d'anciennes planches et des morceaux d'épaves de mer rongés par les mites. Ils mangèrent tous les chiens et presque tous les oiseaux nicheurs, et l'insoutenable immobilité de l'endroit se fit encore plus profonde avec le silence des animaux. Désormais, il n'y avait plus que les *moai*, ces statues géantes qui avaient dévoré l'île. Et pourtant, celles-ci promettaient le retour de l'abondance, si seulement les Pascuans conservaient la foi et les honoraient encore davantage. « Mais comment allons-nous vous transporter au sanctuaire ? » demandaient les sculpteurs, et les *moai* de répondre que le temps venu, elles y marcheraient sans aide. Alors, le son des marteaux continua de résonner dans les carrières, et les murs du cratère s'animèrent de centaines de nouveaux géants, dont la taille augmentait encore plus, maintenant qu'ils ne demandaient plus d'être transportés par des hommes. Le plus grand jamais monté sur une plate-forme mesure une dizaine de mètres de hauteur et pèse quatre-vingts tonnes ; le plus long jamais sculpté dans les murs du cratère a vingt mètres de longueur et pèse plus de deux cents tonnes, poids comparable à celui des plus grandes pierres travaillées par les Incas ou les Égyptiens. Sauf, bien entendu, que ces statues n'ont jamais bougé d'un pouce.

À la fin, il y avait plus d'un millier de *moai*, soit un pour chaque dizaine de Pascuans à l'apogée de leur gloire. Mais les beaux jours avaient fui — fui avec la bonne terre, emportée dans la mer par des vents incessants, comme par les crues brutales. Les Pascuans avaient été séduits par une sorte de progrès devenu une manie, une « pathologie idéologique » comme l'appellent certains anthropologues. Lorsque les Européens arrivèrent au XVIIIe siècle, le pire était passé ; ils ne trouvèrent qu'un ou deux Pascuans vivants par statue, tristes vestiges d'un peuple qui, selon Cook[11], était « petit, mince, timide et misérable ». Sans poutre pour soutenir leur toit, bien des gens vivaient maintenant dans des cavernes ; leurs seules constructions étaient des « maisons de poules » où ils gardaient jour et nuit cette dernière protéine non humaine contre les uns et les autres. Les Européens entendirent le récit de la prise du pouvoir par la classe des guerriers, des convulsions de l'île alors que brûlaient les villages, de batailles sanglantes et de festins cannibales. La seule innovation de cette période finale fut de transformer en arme l'outil qu'était l'obsidienne[12] (un verre volcanique tranchant comme une lame de rasoir). Les dagues et pointes de lance devinrent les artefacts les plus répandus sur l'île, stockées dans des fosses comme les grenades et fusils d'assaut qu'empilent les survivalistes de nos jours.

Même cela ne fut pas tout à fait le nadir. Entre la visite des Hollandais de 1722 et celle de Cook, cinquante ans plus tard, les Pascuans se firent de nouveau la guerre entre eux et, pour la première fois, ils s'en prirent aussi aux ancêtres. Cook a trouvé des *moai* poussés à bas de leur plate-forme, craqués et étêtés, des ruines jonchées d'ossements humains. Il n'y a pas d'explication fiable sur le déroulement ou les raisons de l'événement. Peut-être a-t-il commencé comme l'atrocité ultime entre les clans ennemis, à l'exemple des nations européennes bombardant les cathédrales pendant la Deuxième Guerre mondiale[13]. Peut-être a-t-il débuté par le bouleversement de la solitude insulaire lorsque arrivèrent des étrangers dans des châteaux flottants incroyablement riches et menaçants. Ces gens qui possédaient du bois apportaient aussi la mort et la maladie. Les échauffourées avec les marins se terminaient souvent par un amas de corps autochtones abattus sur la grève[14].

Nous ne savons pas précisément quelles promesses les *moai* avaient faites aux Pascuans, mais il semble plausible que la découverte d'un monde extérieur ait exposé certaines illusions du culte des statues, remplaçant des croyances endurcies par un désenchantement tout aussi dur. Peu importe ce qui l'anima, la destruction sur Rapa Nui a fait rage pendant au moins soixante-dix ans. Chaque navire étranger notait un nombre toujours plus restreint de statues encore debout, jusqu'à ce qu'aucun des géants ne subsiste sur sa plate-forme[15]. Le travail de démolition a dû être extrêmement ardu pour les quelques descendants des constructeurs. Minutieux et délibéré, il évoque quelque chose de plus profond que la guerre des clans : il parle d'un peuple furieux contre ses pères irresponsables, d'une révolte contre les morts.

La leçon que détient Rapa Nui pour notre monde n'a pas passé inaperçue. Dans l'épilogue de leur ouvrage publié en 1992, les archéologues Paul Bahn et John Flenley sont explicites. Les Pascuans, écrivent-ils :

> ont fait pour nous l'expérience d'une croissance démographique sans frein, d'un usage dissolu des ressources, de la destruction de l'environnement et de la confiance aveugle en une religion qui s'occuperait de l'avenir. Le résultat fut un désastre écologique menant à l'effondrement démographique [...]. Devons-nous répéter l'expérience sur [une] grande échelle ? [...] La personnalité de l'être humain ressemble-t-elle toujours à celle du Pascuan qui a abattu le dernier arbre[16] ?

Le dernier arbre. Le dernier mammouth. Le dernier dronte de Maurice. Et bientôt peut-être, le dernier poisson et le dernier gorille. Sur la base de ce que les policiers appellent la « forme », nous sommes des tueurs en série aberrants, mais est-ce que cela a toujours été le cas et est-ce que cela doit le demeurer ? Les systèmes humains sont-ils tous condamnés à avancer en titubant sous le poids de leur logique interne jusqu'à ce que celle-ci les écrase ? Comme je l'ai proposé, les réponses — et les remèdes aussi, je pense — se trouvent dans le destin des sociétés passées.

L'île de Pâques était une mini-civilisation en milieu fermé. À quel point est-elle représentative de la civilisation en général ? Dans le chapitre précédent, j'ai suggéré une définition technique : les civilisations sont des sociétés importantes et complexes reposant sur la domestication des plantes, des animaux et des êtres humains, avec des villes, des cités, des gouvernements, des classes sociales et des spécialisations. Cela couvre aussi bien les civilisations anciennes que les modernes, mais l'île de Pâques ne répond pas à tous les critères. Restreinte, cette civilisation comptait seulement 10 000 personnes ; elle n'avait pas de cités, et sa structure politique était au mieux celle d'une chefferie, et non pas d'un État. Cependant, elle avait des classes et des professions (notamment les sculpteurs de pierre), et ses accomplissements valaient ceux de cultures beaucoup plus considérables[17]. Son isolement lui confère aussi un caractère d'une importance unique en tant que microcosme de systèmes plus complexes, y compris la grosse île sur laquelle nous pirouettons dans l'espace. L'île de Pâques a boxé dans l'arène des grands, mais elle a boxé seule, comme devant un miroir, et nous avons pu reproduire les coups qui l'ont mise K.-O.

Certains écrivains, qui voient l'histoire en termes d'armes et de gagnants, ont accordé trop d'importance au fait que les cultures et les continents se sont développés à divers rythmes. Ce qui me frappe et m'étonne davantage — et qui est lourd de sens pour découvrir la sorte de créature que nous sommes, nous, les humains — est le peu de temps qu'il a fallu à des peuples pour faire des choses très semblables dans le monde entier, même s'ils vivaient au sein de différentes cultures et écologies.

Il y a 3000 ans, la civilisation était déjà apparue en au moins sept endroits : la Mésopotamie, l'Égypte, la Méditerranée, l'Inde, la Chine, le Mexique et le Pérou[18]. L'archéologie nous montre que seulement la moitié de ces civilisations ont été stimulées par d'autres pour ce qui concerne les cultures et la culture[19]. Le reste des civilisations se sont édifiées elles-mêmes à partir de rien, sans soupçonner que qui que ce soit d'autre au monde en faisait autant. Ce parallélisme fascinant des idées, des processus et des formes nous apprend une chose importante : dans certaines conditions générales, les sociétés humaines de partout augmenteront par la taille, la complexité et les exigences à l'égard de l'environnement.

La petite civilisation de l'île de Pâques fut l'une des dernières à se développer indépendamment. La plus ancienne de toute fut Sumer, dans ce qui est maintenant le sud de l'Irak. Les Sumériens, dont l'origine ethnique et linguistique est incertaine, ont établi le modèle qu'allaient suivre, entre autres, les cultures sémitiques de l'Ancien Monde[20]. Ils en vinrent à exemplifier tant le meilleur que le pire de la vie civilisée, et nous ont parlé d'eux en caractères cunéiformes sur des tablettes d'argile, l'un des médiums les plus persistants de la voix humaine, une écriture qui ressemble aux traces d'oiseaux dressés. Ils ont établi la plus ancienne histoire du monde, *L'Épopée de Gilgamesh*, un corpus de textes compilés à « Uruk aux fortes murailles » à peu près en même temps que Stonehenge et les premières pyramides égyptiennes étaient édifiés. Les légendes que nous connaissons par l'entremise de la Bible hébraïque — le jardin d'éden, le déluge — apparaissent sous des formes antérieures dans *Gilgamesh*, avec d'autres récits sans doute considérés comme trop lestes pour être inclus dans le Pentateuque. L'un de ces récits, l'histoire d'Enkidu, homme sauvage attiré à la ville par une « prostituée, une fille de joie », rappelle notre transition de la vie de chasseur à la vie urbaine :

> Maintenant les bêtes sauvages s'étaient toutes enfuies. Enkidu était devenu faible car la sagesse était en lui et des pensées d'homme habitaient son cœur. Ainsi il revint, s'assit aux pieds de la femme et écouta attentivement ce qu'elle dit : « Tu es sage, Enkidu, et maintenant tu es devenu semblable à un dieu. Pourquoi veux-tu être sauvage avec les bêtes des collines ? Viens avec moi, je te mènerai à Uruk aux fortes murailles, au temple béni d'Ishtar et d'Anu, de l'amour et du ciel : là vit Gilgamesh, qui est très fort. Comme un taureau sauvage, il règne sur les hommes[21]. »

Dans le dernier chapitre, nous avons laissé le Moyen-Orient peu après que l'agriculture eut apparue dans les terres qu'on a souvent appelées le Croissant fertile. Dans toute l'histoire humaine, ces terres ont été à la croisée des chemins de l'Afrique, de l'Europe et de l'Asie. Déjà à l'âge de la pierre taillée, les Néanderthaliens et les Cro-Magnons se sont disputé ce territoire pendant 50 000 ans, se déplaçant vers le nord ou vers le sud au gré des fluctuations climatiques et s'expulsant sans doute à tour de rôle. Je soupçonne que si nous pouvions syntoniser les actualités du Moyen-Orient à presque n'importe quelle période de la préhistoire, nous trouverions l'endroit bouillant de créativité et de conflits, comme on le connaît depuis le début de la période historique.

Mais c'est une erreur de présumer que le Croissant fertile, si généreusement pourvu par la nature de plantes et d'animaux convenant à la domestication, s'est développé rapidement ou facilement. Même après plusieurs milliers d'années d'agriculture et d'élevage, les plus grands établissements du Moyen-Orient — Jéricho (près de la mer Morte) et Çatal Hüyük (en Anatolie) — étaient encore minuscules, ne couvrant que dix et trente acres respectivement. Dans la mesure où le jardin d'éden avait une dimension géographique, c'est là qu'il se trouvait. Le serpent, toutefois, n'était pas le seul ennemi. Les fortifications, notamment celles de Jéricho, évoquent la concurrence territoriale et une présence humaine plus lourde que ne l'attestent les sites comme tels. Par ailleurs, la vie du fermier n'était pas plus facile ni plus saine que ne l'avait été celle du chasseur : les gens étaient de plus petite taille et travaillaient plus longtemps. D'après les sépultures de Çatal Hüyük, l'espérance de vie était de vingt-neuf ans chez les femmes et de trente-quatre ans chez les hommes[22]. Dès 6000 avant J.-C., l'évidence fait état de la déforestation et de l'érosion généralisées. Les principaux coupables sont sans doute des incendies allumés cavalièrement et le surpâturage par les chèvres, mais la cuisson de la chaux pour le plâtre et le chaulage a aussi détruit la zone arborée jusqu'à ce que celle-ci devienne le semi-désert de broussailles épineuses qu'on connaît aujourd'hui. En 5500 avant J.-C., nombre des plus anciens sites néolithiques avaient déjà été abandonnés[23]. Comme sur l'île de Pâques, les gens avaient pollué leur nid, ou plutôt ils l'avaient complètement dégarni. Mais contrairement aux Pascuans, ces gens-là avaient un endroit où s'enfuir et repartir à zéro.

S'étant eux-mêmes chassés de l'éden (l'épée de feu de Dieu étant sans doute le reflet des incendies allumés dans les collines), ils ont trouvé un second paradis en aval dans la grande plaine inondable du Tigre et de l'Euphrate, la terre appelée Mésopotamie, ou Irak.

L'aspect de cette terre se présente facilement à l'esprit à cause des guerres modernes : plaines sans arbre et oasis moribonds, puits salants, tempêtes de poussière, nappes de pétrole et tanks carbonisés. Ici et là, s'effritant sous l'effet d'un soleil et d'un vent impitoyables, il reste des montagnes de briques crues — ruines de cités anciennes dont les noms résonnent toujours dans les oubliettes de notre culture : Babylone, Uruk et Ur des Chaldéens, patrie d'Abraham.

Au cinquième ou quatrième millénaire avant J.-C., le sud de l'Irak était un delta de chenaux marécageux regorgeant de poissons, aux roseaux plus hauts qu'une maison et aux barres sableuses riches en dattiers. Le sanglier et la sauvagine vivaient dans les bambous. Une fois labouré, le sol alluvial pouvait rapporter le centuple de chaque graine parce que cette terre, pour ainsi dire « nouvelle », s'étalait à l'embouchure du golfe Persique. En fait, le peuple qui s'était établi à cet endroit avait suivi ses anciens champs, que les grands fleuves avaient érodés des collines et emportés, comme le dit la Bible, hors de l'éden[24].

Dieu avait offert une seconde chance aux enfants d'Adam et d'Ève, mais dans cet éden recyclé, ils n'allaient pouvoir se nourrir qu'à la sueur de leur front. « L'exploitation de ce paradis naturel, écrit Gordon Childe dans son ouvrage classique, *The Most Ancient East*, exigeait une main-d'œuvre intensive et la coopération organisée d'importants groupes d'hommes. Le sol arable devait littéralement être créé [...] en séparant la terre de l'eau ; les marais devaient être asséchés, et les inondations, contrôlées ; les eaux qui apportaient la vie ont mené à un désert aride par des canaux artificiels[25]. » Il semble que, au moins dans ce cas, les hiérarchies de la civilisation aient crû en même temps que le contrôle des eaux[26].

D'abord éparpillés, les villages de briques crues devinrent des villes. Et dès 3000 avant J.-C., ces villes étaient devenues de petites cités, maintes fois rebâties sur leurs propres débris jusqu'à ce qu'elles s'élèvent de la plaine environnante en tumulus appelés tells. Pendant presque tout le millier d'années qu'elle a duré, la civilisation sumérienne a été dominée par une douzaine de ces cités, chacune sise au cœur d'un petit État. En seulement deux occasions, un royaume unifié fut brièvement formé : d'abord par Sargon, envahisseur sémite, et, plus tard, par la Troisième Hégémonie d'Ur. On pense que les quatre cinquièmes de la population sumérienne vivaient dans des centres urbains, et que la population entière n'atteignait qu'un demi-million. (La population de l'Égypte contemporaine était plus rurale et trois fois plus importante[27].)

Dans les temps anciens, la terre sumérienne était détenue par la communauté et les gens apportaient leurs récoltes ou, à tout le moins, le surplus, au sanctuaire de la cité, où le clergé s'occupait des affaires humaines et divines — surveillant les étoiles, dirigeant les travaux d'irrigation, améliorant les cultures, brassant la bière et le vin et bâtissant des temples toujours plus grandioses. Au fil du temps, les cités ont grandi ; couche par couche, elles ont formé des collines artificielles couronnées d'une ziggourat, une pyramide de plates-formes décroissantes typiquement mésopotamienne, montagne sacrée régnant sur le genre humain[28]. Ce sont ces édifices que les Israélites allaient plus tard tourner en dérision en les qualifiant de Tours de Babel. Le clergé, qui avait débuté par des coopératives villageoises, a aussi crû verticalement jusqu'à ce qu'il devienne la première grande entreprise, pourvue de fonctionnaires et d'employés, et chargée de « la tâche plutôt rentable d'administrer la propriété des dieux[29] ».

Si les plaines du sud de l'Irak constituaient de riches terres agricoles, elles manquaient cependant de la plupart des autres produits qu'exige la vie à la ville. Moyennant grains et tissus, on importait donc le bois d'œuvre, le silex, l'obsidienne, les métaux et chacun des blocs de pierre utilisés pour construire, pour sculpter ou pour broyer des aliments. C'est pourquoi la charrette à roues, les attelages de bœufs et l'utilisation du cuivre et du bronze se sont développés très tôt[30]. Le commerce et la propriété devinrent hautement importants et sont restés depuis lors au cœur de la culture occidentale. Le peuple du Moyen-Orient a adopté une attitude de mercenaires; ses dieux étaient perçus comme les grands propriétaires terriens, tandis que l'homme se considérait comme un serf « œuvrant dans le vignoble du Seigneur ». Par contraste avec les écritures d'Égypte, de Chine ou de Méso-Amérique, l'écriture sumérienne ne fut pas inventée pour les textes sacrés, la divination ou la littérature, ni même pour la propagande royale, mais bien pour la comptabilité.

Avec le temps, le clergé s'est hypertrophié et est devenu exploiteur, plus soucieux de ses propres intérêts que de ceux de ses humbles membres. Bien qu'il ait mis en place certains éléments du capitalisme, notamment la propriété privée, il n'y avait aucune concurrence libre du type recommandé par Adam Smith. Les entreprises sumériennes étaient des monopoles que le ciel légitimait, assez semblables aux monastères médiévaux ou aux fiefs des télévangélistes. Leur mode de vie, cependant, n'avait rien de très monastique, comme l'implique la prostitution au temple dans *Gilgamesh*[31]. Les prêtres sumériens crurent peut-être sincèrement en leurs dieux, encore que les peuples anciens ne se soient pas exemptés de manipuler les crédules; au pire, ils furent les premiers racketteurs du monde, trafiquant dans ces éternelles mines d'or que sont la protection, l'alcool et la prostitution[32].

Initialement, le clergé offrait de protéger les fidèles contre les forces de la nature et la colère des dieux. Mais à mesure qu'elles grandirent, les cités-États sumériennes se firent la guerre. Leur richesse provoquait aussi des raids de la part des peuples moins civilisés, mais souvent mieux armés, des montagnes et du désert. C'est ainsi que Uruk — qui, avec ses 50 000 habitants répartis sur 1100 acres, constituait de loin la plus grande cité sumérienne[33] — devint la ville « fortifiée », merveille de son monde.

« Grimpe sur le mur d'Uruk, invite Gilgamesh, parcours-le, te dis-je ; considère le terre-plein des fondations et examine la maçonnerie : n'est-ce pas de la brique cuite, et de bonne qualité[34] ? »

Ayant inventé l'irrigation, la cité, la grande entreprise et l'écriture, Sumer ajouta à sa culture les soldats professionnels et les rois héréditaires. Les rois quittaient le temple et emménageaient dans leur propre palais[35], où ils forgeaient des liens personnels avec une divinité, proclamant leur statut de déité en vertu de leur ascendance céleste, une notion qui allait apparaître dans de nombreuses cultures et perdurer jusqu'aux Temps modernes sous l'appellation de droit divin[36]. Avec la royauté sont apparues de nouvelles utilisations de l'écriture, notamment l'histoire et la propagande dynastiques exaltant un unique individu. Comme le signale sèchement Bertolt Brecht dans son poème au sujet d'un travailleur regardant les pyramides :

Les livres sont remplis du nom des rois.
Était-ce les rois qui ont traîné ces blocs de pierre escarpés ?
Le jeune Alexandre a conquis l'Inde.
Était-il seul ?

102 · *Brève histoire du progrès*

Dès 2500 avant J.-C., les beaux jours de la propriété détenue collectivement par la cité et le clergé
s'étaient enfuis ; les champs appartenaient maintenant
aux seigneurs et aux grandes familles. Les gens du
peuple sumérien devinrent des serfs et des métayers[37],
et plus bas dans l'échelle se trouva une classe permanente d'esclaves, autre caractéristique de la civilisation
occidentale qui allait durer jusqu'au XIXe siècle de notre
ère.

Les États s'arrogent le pouvoir de la violence
coercitive : le droit de faire claquer le fouet, d'exécuter
des prisonniers et d'envoyer des jeunes hommes aux
champs de bataille. De cela dérive le venin que J. M.
Coetzee a appelé « la fleur noire de la civilisation[38] »
dans son extraordinaire roman, *En attendant les barbares* — la torture, la détention illégale, la cruauté
gratuite, la force qui prime le droit.

Au nombre des privilèges des dieux-rois de Sumer
et d'ailleurs figurent divers types de sacrifices humains,
y compris le droit d'emmener des gens outre-tombe
pour leur tenir compagnie. La tombe royale d'Ur, que
les archéologues appellent la « fosse de la mort »,
contient la première hécatombe funéraire de
concubines, de suivants, de suivantes et des travailleurs
qui l'ont construite — quelque soixante-quinze hommes
et femmes en tout, dont les squelettes sont alignés
comme des cuillers dans un tiroir[39]. Dans le monde
entier, de l'Égypte à la Grèce en passant par la Chine et
le Mexique, l'idée que la vie du roi est bien plus
précieuse que celle d'autres gens prendra racine
maintes et maintes fois[40]. Les travailleurs qui scellent la
tombe sont tués sur-le-champ par des gardes, eux-
mêmes abattus par d'autres gardes, et ainsi de suite jusqu'à ce que les exécuteurs testamentaires du défunt roi
jugent son lieu de repos suffisamment honoré et sûr.

Comme nous tendons à penser que l'Amérique du Nord ancienne était paysanne et libertaire, on s'étonne que l'un des exemples les plus frappants d'enterrement de serviteurs se trouve à Cahokia, une cité précolombienne à peu près de la taille d'Ur, dont les pyramides de terre sont toujours visibles près de Saint-Louis sur le Mississippi[41].

Partout dans le monde antique, les souverains ont joué l'ultime scène politique, le sacrifice public de prisonniers. Comme l'a dit franchement un roi Ashanti à des Britanniques au XIXᵉ siècle : « Si je devais abolir le sacrifice humain, je me priverais d'un des moyens les plus efficaces de maintenir le peuple captif[42]. » Les Britanniques n'avaient guère besoin de tels conseils, eux qui à l'époque ficelaient les Indiens mutinés à la bouche des canons pour les faire exploser. Chaque culture a son code et ses susceptibilités. Au Mexique, les conquistadores espagnols étaient épouvantés par le massacre rituel de prisonniers auxquels on enfonçait une lame jusqu'au cœur. Les Aztèques étaient tout aussi horrifiés lorsqu'ils ont vu des gens brûlés vifs par les Espagnols.

La violence est aussi ancienne que l'homme, mais les civilisations la commettent avec une délibération qui lui confère une horreur particulière. La « fosse de la mort » d'Ur nous laisse entrevoir les charniers à venir 5000 ans plus tard en Bosnie, au Rwanda et tous azimuts, jusqu'à l'Irak de Saddam Hussein, qui, à l'instar des rois anciens de ce pays, a fait étampé son nom sur les briques servant à rebâtir leurs monuments. Par contraste avec la vie des chasseurs et des cueilleurs, le prestige a toujours eu son importance dans la civilisation. Nous avons parcouru beaucoup de chemin depuis les familles élargies assises autour du feu à l'âge de la pierre taillée, jusqu'aux sociétés dans lesquelles les uns sont des demi-dieux tandis que les autres sont tout juste bons à s'épuiser au travail ou à être enterrés dans les tombes de leurs supérieurs[43].

Jusqu'à l'avènement de l'agriculture mécanisée, les fermiers, qu'ils fussent paysans ou esclaves, étaient dix fois plus nombreux que les membres de l'élite et que les professionnels vivant des surplus agraires. En récompense, les masses survivaient à peine, trouvant consolation dans leurs coutumes et croyances. Avec un peu de chance, elles appartenaient à un pays qui, sachant au mieux servir ses intérêts, fournissait une aide publique lorsque les récoltes étaient mauvaises. L'idéal du dirigeant en tant que dispensateur et du riche à la main ouverte a survécu dans une certaine mesure, et on en trouve la trace dans de nombreuses langues. Le mot anglais « lord » vient de l'anglo-saxon *hlaflord* qui signifie « celui qui garde le pain » — et qui était censé le partager. Le titre inca *qhapaq* signifiait « munificent », soit celui qui rassemble la richesse, mais qui la redistribue aussi. Un autre titre de l'empereur inca était *wakchakuyaq* ou « celui qui prend soin des démunis[44] ». Les anciens prévenaient les chefs d'Hawaii contre l'idée de stocker de la nourriture ou des biens : « Les mains du Arii doivent toujours être ouvertes ; c'est sur cela que repose son prestige[45]. » Et l'on a dit des empereurs chinois que leur premier devoir était de nourrir leur peuple. La vérité est que la Chine, comme la plupart des sociétés agricoles, a vacillé d'une famine à l'autre jusqu'aux Temps modernes[46]. La sécurité alimentaire efficace était aussi rare par le passé qu'elle l'est aujourd'hui dans le tiers-monde. La plupart des anciens États n'avaient pas la capacité d'entreposage ou de transport requise pour réagir à rien de plus grave qu'une crise mineure. Les Incas et les Romains étaient probablement les meilleurs pour secourir les affamés, et ce n'est pas une coïncidence que les deux aient été de vastes empires s'étalant sur plusieurs zones climatiques et possédant de bons greniers, de bonnes routes et de bonnes voies navigables.

Tributaire d'un seul écosystème et privée de hauts plateaux, une petite civilisation comme celle de Sumer était particulièrement vulnérable aux inondations et aux sécheresses. À l'époque, de tels désastres étaient considérés comme des « actes de Dieu » (ou des dieux) ; c'est d'ailleurs encore le cas de nos jours. Comme nous, les Sumériens pressentaient confusément que l'activité humaine était aussi à blâmer. Les plaines inondables seront inondées un jour ou l'autre, mais la déforestation des grands bassins versants en amont rendait les inondations beaucoup plus féroces et meurtrières qu'elles ne l'auraient été autrement. Les terrains boisés, avec le tapis des sous-bois, les mousses et le loam, agissent comme d'énormes éponges qui absorbent l'eau de pluie et lui permet de percoler lentement dans les terres en aval ; les arbres boivent l'eau et l'expirent dans l'air. Mais là où la forêt primitive et son sol ont été détruits par la coupe, le brûlage, le surpâturage ou le labourage, le sous-sol cuit en une couche dure par temps chaud et agit comme un toit par temps de pluie. Il en résulte des crues brutales transportant parfois une telle charge de vase et de gravier qu'elles se précipitent au bas de ravins abrupts comme une coulée de ciment liquide. Une fois que les eaux atteignent la plaine inondable, leur course ralentit, elles déchargent leur gravier et s'étalent telle une marée brune qui suinte jusqu'à la mer.

En Mésopotamie, des forces alluviales stupéfiantes sont à l'œuvre. Au cours des 5000 ans qui ont suivi la naissance de Sumer, les fleuves jumeaux ont rempli une aire couvrant cent trente kilomètres du golfe Persique. Dans les temps anciens, Basra, deuxième ville de l'Irak, était située en pleine mer[47]. Les plaines de Sumer font plus de trois cents kilomètres de largeur. Lors d'une inondation inhabituellement importante — comme il en arrive une fois par siècle —, un roi se tenant debout sous la pluie dans un temple qui se ramollit sous ses pieds n'aurait vu que de l'eau entre lui-même et la ligne d'horizon.

Non seulement Adam et Ève se sont-ils expulsés eux-mêmes du paradis, mais le paysage érodé qu'ils ont laissé derrière eux a préparé le terrain pour le déluge de Noé[48]. Dans les premiers temps, lorsque les cités-tumulus étaient peu élevées et facilement inondées, seul un bateau aurait pu servir de refuge. Racontée à la première personne par un homme du nom de Utnapish-tim, la version sumérienne de la légende sonne juste, avec des détails frappants sur des pluies exceptionnelles et des digues brisées[49]. On peut y voir non seulement le précurseur de la légende biblique, mais aussi le premier récit fait par un témoin oculaire d'une catastrophe environnementale attribuable à l'homme :

> En ce temps-là le monde regorgeait de tout ; les gens se multipliaient [...]. Enlil entendit la clameur et il dit aux dieux assemblés : « Le vacarme de l'humanité est intolérable, et la confusion est telle qu'on ne peut plus dormir. » Ainsi les dieux furent-ils d'accord pour exterminer l'humanité[50].

Enlil, dieu de l'orage, est l'instigateur ; d'autres l'accompagnent, notamment Ishtar, déesse de l'amour et reine des cieux (une ancêtre de Marie en moins virginal). Mais Ea, dieu de la sagesse, avertit Utnapishtim en songe : « Détruis ta maison et construis un bateau, abandonne tes biens et cherche la vie [...] rassemble à l'intérieur du bateau la semence de tous les êtres vivants. »

> Le temps était écoulé, le soir venait, le cavalier de l'orage lançait la pluie. Je regardai au dehors le temps qu'il faisait ; c'était effrayant, alors moi aussi j'embar-

quai et pilotai le bateau. [...] À la première lueur de l'aube, un nuage noir vint de l'horizon ; il tonna là où Adad, le maître de l'orage, chevauchait. [...] Alors les dieux de l'abîme surgirent ; Nergal retira les digues des eaux inférieures, Ninurta, le seigneur de la guerre, jeta à bas les barrages [...] le dieu de l'orage changea la lumière du jour en obscurité quand il mit la terre en miettes comme une simple coupe [...].

Pendant six jours et six nuits les vents soufflèrent, le torrent, la tempête et l'inondation accablèrent le monde. [...] Quand l'aube du septième jour se leva [...] je regardai la face du monde, et c'était le silence, toute l'humanité était changée en argile. La surface de la mer s'étendait aussi plate que le sommet d'un toit ; j'ouvris une écoutille et la lumière tomba sur mon visage. Alors, je m'inclinai profondément, je m'assis et je pleurai [...] car de tous les côtés c'était le désert de l'eau.

Utnapishtim lâche des oiseaux pour trouver la terre. Lorsque les eaux commencent à baisser, il brûle de l'encens pour attirer les dieux, mais ses paroles laissent entendre que la véritable attraction est la puanteur des cadavres dans la boue : les dieux, dit-il, « s'assemblèrent comme des mouches au-dessus du sacrifice ». Contrairement à Jehovah et à son arc-en-ciel, les déités sumériennes ne font aucune promesse. Ishtar élève son collier et dit seulement qu'elle se souviendra. Enlil voit le bateau et devient furieux : « Un de ces mortels a-t-il échappé ? Personne ne devait survivre à la destruction. » Alors Ea, qui a donné un avertissement et sauvé les animaux, réprimande Enlil pour ce qu'il a fait et entonne un chant plaintif :

Il eût mieux valu qu'un lion ait ravagé l'humanité
Plutôt que l'inondation...
Il eût mieux valu que la famine ait dévasté le monde
Plutôt que l'inondation.

Ea aurait dû faire attention à ne pas souhaiter n'importe quoi. Lorsque Sir Leonard Woolley excava Sumer entre les deux guerres mondiales, il écrivit : « À ceux qui ont vu le désert mésopotamien [...] le monde antique semble presque incroyable devant le contraste complet entre le passé et le présent [...]. Si Ur était la capitale d'un empire, si Sumer fut un jour un vaste grenier, pourquoi la population a-t-elle dépéri, pourquoi le sol même a-t-il perdu ses vertus[51] ? »

La réponse à sa question tient en deux mots : le sel. Les fleuves rincent le sel du roc et du sol et le transportent à la mer. Mais une grande partie des eaux détournées vers des terres arides s'évapore et le sel reste derrière. L'irrigation entraîne aussi l'engorgement des sols et permet aux eaux souterraines saumâtres de suinter vers le haut. En l'absence d'un bon drainage, de longues périodes de jachère et de pluies suffisantes pour drainer le sol, les projets d'irrigation ne représentent que de futurs marais salants.

Le sud de l'Irak était l'une des régions les plus invitantes pour entreprendre l'irrigation, mais l'une des plus difficiles pour l'y maintenir : l'un des pièges les plus séduisants jamais posés par le progrès. Après quelques siècles de récoltes surabondantes, le sol prit sa revanche sur ses laboureurs. Le premier signe des ennuis à venir fut le déclin des récoltes de blé, une culture qui se comporte comme un serin dans une mine de charbon. Avec le temps, les Sumériens durent remplacer le blé par l'orge, qui tolère mieux le sel. Dès 2500 avant J.-C., le blé ne représentait que quinze pour cent des récoltes, et quatre cents ans plus tard, Ur en avait abandonné toute culture.

Comme ils ont été les premiers à construire l'un des plus grands projets d'irrigation du monde, les Sumériens ne peuvent guère être blâmés pour n'avoir

pas prévu les conséquences de leur nouvelle technologie. Toutefois, les choses ont certainement empiré sous
les pressions politiques et culturelles. Lorsque leur
population était plus petite, les cités ont pu contourner
le problème en allongeant les périodes de jachère, en
abandonnant les champs ruinés et en mettant d'autres
parcelles de terre en production, fût-ce au prix d'efforts
et de coûts toujours plus grands. Après le milieu du
troisième millénaire, aucune nouvelle parcelle n'était
disponible. La population était alors à son zénith, la
classe dirigeante de plus en plus hiérarchisée, et des
guerres chroniques exigeaient le maintien d'armées
permanentes, ce qui est presque toujours le signe et la
cause d'ennuis. Comme les Pascuans, les Sumériens
n'ont pas réussi à réformer leur société afin d'en
réduire l'impact sur l'environnement[52]. Au contraire,
ils ont essayé d'intensifier la production, particulièrement pendant l'empire Akkadien (vers 2350-2150
avant J.-C.) et pendant leur chant du cygne, sous la
Troisième Hégémonie d'Ur, tombée en 2000 avant J.-C.

L'empire d'Ur, de courte durée, montre le même
comportement qu'on a vu sur l'île de Pâques : adhérer à
des croyances et des pratiques inflexibles, prendre à
l'avenir pour donner au présent, dépenser les dernières
réserves du capital naturel en une irresponsable fréné-
sie de richesses et de gloire excessives. Les canaux
furent agrandis, les périodes de jachère, raccourcies, la
population augmenta, et le surplus économique fut
concentré vers Ur et ses grandioses projets de construction. Il en résulta quelques générations de prospérité
(pour les dirigeants), suivies d'un effondrement dont le
sud de la Mésopotamie ne s'est jamais remis[53].

En 2000 avant J.-C., des scribes rapportaient que
la terre « était devenue blanche[54] ». Toutes les cultures
étaient déficitaires, l'orge y compris. Les rendements

tombèrent au tiers de leur niveau original. Les mille ans passés par les Sumériens au soleil de l'histoire vinrent à leur terme. Le pouvoir politique se déplaça vers le nord à Babylone et en Assyrie, puis, longtemps après sous l'islam, à Bagdad. Le nord de la Mésopotamie est mieux drainé que le sud, mais là aussi le même cycle de dégradation allait se reproduire empire après empire jusqu'aux Temps modernes. Personne, semble-t-il, n'était disposé à tirer des leçons du passé. Aujourd'hui, au moins la moitié des terres irriguées d'Irak sont salines ; c'est la plus grande proportion au monde, suivie par deux autres centres de civilisation des plaines inondables, l'Égypte et le Pakistan[55].

Quant aux cités antiques de Sumer, une poignée ont subsisté tant bien que mal comme villages, mais la plupart furent complètement abandonnées. Même après 4 000 ans, la terre qui les entoure demeure acide et stérile, encore blanchie par la poussière du progrès. Ur et Uruk ont créé elles-mêmes le désert dans lequel elles s'élèvent aujourd'hui.

Notes

1. Voir ma définition de la civilisation au chapitre 2. La plupart des archéologues utilisent l'an 3000 avant J.-C., ou à peu près, comme date des premières civilisations épanouies, celles de Sumer et de l'Égypte. La civilisation a commencé à prendre son essor il y a environ 10 000 ans, tant dans l'Ancien que dans le Nouveau Monde, lors des premières étapes de la sélection des plantes.

2. Cité dans Glyn Daniel, *The Idea of Prehistory*, Harmondsworth, Pelican, 1962, p. 14-15.

3. Lettre de Francisco de Toledo, 25 mars 1571, cité dans Luis A. Pardo, dir., *Saqsaywaman* n° 1, juillet 1970, p. 144.

4. Extrait du *Journal of Jacob Roggeveen*, traduit et révisé par Andrew Sharp, Oxford, Clarendon Press, 1970. Cité dans Paul Bahn et John Flenley, *Easter Island, Earth Island*, Londres, Thames et Hudson, 1992, p. 13, et plus entièrement dans Catherine et Michel Orliac, *Des dieux regardent les étoiles. Les derniers secrets de l'île de Pâques*, Paris, Gallimard, coll. « Découvertes », 1988.

5. Orliac, *Des dieux regardent les étoiles*, p. 17.

6. Toutefois, tant la terre que la mer étaient moins riches en espèces que les grands archipels tropicaux, comme les îles Fiji ou celles de Tahiti. Ni les îles Marquises ni l'île de Pâques ne sont ceinturées d'un récif de corail.

7. Ou encore une espèce disparue étroitement reliée au palmier palmyre.

8. La plupart étaient en fin de compte d'origine sud-asiatique. La patate douce provenait en fait d'Amérique du Sud et est connue dans toute la Polynésie (n'en déplaise à Bahn et à Flenley, *Easter Island*) par différentes versions de son nom quechua, *kumara*. Pour on ne sait trop quelle raison, le cochon n'était pas du voyage.

9. Dans leur ouvrage par ailleurs excellent sur l'île de
Pâques, Bahn et Flenley (*Ibid.*, p. 46) se trompent en
affirmant que les anciens Péruviens ne connaissaient
pas la voile. Depuis l'époque de Tiwanaku (premier
millénaire de notre ère), il existait une culture raffinée
de la voile, utilisant les *balsas* sur l'océan le long de la
côte de l'Amérique du Sud. À l'époque des Incas, de
telles embarcations faisaient régulièrement le voyage
le long de la côte de l'empire à partir de ports au sud de
Lima, notamment Chincha, jusqu'à Guayaquil, puis
jusqu'à Panama. Les navires étaient de conception
semblable à celle du *Kon-Tiki*, mais plus grands et
plus raffinés. Munis de multiples dériveurs, ils pouvaient virer de bord contre le vent et faisaient toujours
le voyage aux îles Galápagos au XVIIIe siècle — 600 milles
(près de 1000 kilomètres) aller seulement. Pizarro a
entendu parler pour la première fois de l'empire inca
en 1526, après avoir intercepté une flotte commerciale
qui se dirigeait vers Panama à partir de son port
d'attache de Tumbez. L'embarcation qu'il arraisonna
avait un équipage de vingt hommes et transportait
trente tonnes de fret. Les Espagnols l'ont comparée,
en taille et en voilure, à leurs propres caravelles. Il est
aussi connu que les marins péruviens pré-incas ont
atteint à plusieurs reprises les Galápagos où ils ont
laissé de la poterie caractéristique. Il n'est pas
totalement exclu que les Péruviens pré-incas aient
atteint les îles Marquises, qui auraient pu être la
« plate-forme » de la migration vers l'île de Pâques,
Hawaii et d'autres groupes d'îles. Je pense qu'il est
également possible que les pirogues polynésiennes
aient atteint à l'occasion la côte de l'Amérique du Sud
et soient retournées dans leurs îles d'origine. Des
chroniqueurs espagnols ont noté le récit d'une expédition du XVe siècle par Tupa Incaq Yupanqui (le grand-
père d'Atahualpa) vers des îles habitées, situées à deux

mois de voile du Pérou. Voir Thor Heyerdhal, *Sea Routes to Polynesia*, Londres, Allen and Unwin, 1968, chap. 4 et 5, pour un survol de cette évidence et de ses influences sur les premières explorations espagnoles. Il semble peu probable qu'un roi inca ait personnellement quitté son empire pendant un an, mais il peut fort bien avoir commandé une telle expédition.

10. Bahn et Flenley, *Easter Island*, p. 214.
11. James Cook, cité dans *Ibid.*, p. 170.
12. *Ibid.*, p. 165.
13. Cela fut évité en général, mais pas à Coventry, ni à Dresde.
14. Roggeveen en a tué au moins une douzaine. Plus tard, les attaques des étrangers devinrent systématiques alors que la politique d'asservissement des Polynésiens (« blackbirding ») se répandait dans tout le Pacifique. En 1805, l'équipage du *Nancy*, un navire américain, a tué de nombreux Pascuans et en a enlevé d'autres pour les travaux forcés. En 1822, le baleinier *Pindos* s'est emparé de jeunes filles pour « amuser » l'équipage, les lançant par-dessus bord après que les marins en ont eu assez. Mais le pire survint en 1862, lorsque des Péruviens, chasseurs d'esclaves, emmenèrent au moins la moitié de la population à la tristement célèbre « île de la mort », au large de la côte du Pérou, réserve de guano financée par les Britanniques où les travailleurs étaient enchaînés les uns aux autres et creusaient jusqu'à l'épuisement. Quinze seulement revinrent vivants à l'île de Pâques (par suite d'appels humanitaires lancés par l'évêque de Tahiti) et ils rapportèrent la variole avec eux. Dès 1872, lorsque Pierre Loti la visita, l'île était une fosse commune et ne comptait plus qu'une centaine d'habitants toujours en vie (Bahn et Flenley, *Easter Island*, p. 179).
15. Celles qui sont debout aujourd'hui ont été restaurées.
16. Bahn et Flenley, *Easter Island*, p. 213 et 218.

17. L'île avait même une forme d'écriture appelée *rongo-rongo*, bien que de nombreux experts croient qu'elle est née après le contact avec les Européens.

18. Sumer et l'Égypte quelque 3000 avant J.-C.; la vallée de l'Indus, environ 2500 avant J.-C.; la dynastie Shang de Chine, dès 1700 avant J.-C.; la Crête minoenne et la Grèce mycénienne dès 1700 et 1500 avant J.-C., respectivement; les Olmèques du Mexique et la civilisation de Chavin au Pérou, dès 1200 avant J.-C. Des recherches importantes et récentes sur la côte péruvienne ont montré la présence de travaux d'irrigation et d'urbanisme à Caral (y compris des pyramides totalisant deux millions de mètres cubes) en 2600 environ avant J.-C.

19. La Mésopotamie, l'Inde, l'Égypte et la Grèce ont partagé les mêmes grains venus du Croissant fertile. La Chine, le Mexique et le Pérou ont mis au point leurs propres cultures, mais en ont partagé d'autres plus tard. Des écoles de pensée rivales débattent chaudement du degré auquel des caractéristiques culturelles, comme les arts, les mathématiques et l'écriture, ont été diffusées. Selon moi, la Chine ancienne était presque aussi indépendante d'autres civilisations que l'étaient le Mexique et le Pérou.

20. Cela comprend les Assyriens, les Babyloniens, les Phéniciens, les Juifs, les Arabes et tous les autres locuteurs des langues sémitiques.

21. N. K. Sandars, *L'Épopée de Gilgamesh*, traduit et présenté par Hubert Comte, Paris, Les éditeurs français réunis, 1975, p. 23-24. Peu de ces textes existent dans la langue sumérienne originale, la plupart ayant été transmis dans des recensions assyriennes ou babyloniennes. Par conséquent, Sandars utilise les noms sémitiques plus récents des personnages et déités. Par exemple, le nom sumérien original de la déesse Ishtar était Inanna. Annu, le dieu du ciel et père des autres

dieux, était An ; Samash, le soleil, était Utu ; Ea, dieu de la sagesse, était Enki.

22. Marshall Sahlins a dit des chasseurs et des cueilleurs qu'ils formaient « la société d'affluence originale » parce que moins d'heures devaient être consacrées à la nourriture et à l'abri (*Stone Age Economics*, Londres, Tavistock Publications, 1972, chap. 1). Les chiffres sur l'espérance de vie à Çatal Hüyük (Chris Scarre, *Grand Atlas de l'Archéologie*, traduit de l'anglais par Denis-Armand Canal, Paris, Larousse, 1990) ne sont pas mauvais selon les normes anciennes, mais ils sont probablement inférieurs à la plupart des groupes de chasseurs et de cueilleurs. On déduit les chiffres à partir des nombreuses sépultures au sein des maisons.

23. Voir Charles Redman, *Human Impact on Ancien Environments*, Tucson, University of Arizona Press, 1999, p. 106-109. L'évidence comprend le pollen, le charbon, les couches de cendres et de sédiment. Les travaux menés par Gary et Isle Rollefson à Ain Ghazal, en Jordanie, ont fourni des preuves clés de la dégradation environnementale. Les maisons ont diminué en taille à mesure que diminuait l'épaisseur du bois d'œuvre et que le gibier se faisait plus rare et moins varié.

24. Dans les années 1970, le plus grand peuplement de cèdres restant au Liban ne comptait que 400 arbres. W. B. Fisher, *The Middle East: A Physical, Social and Regional Geography*, Londres, Methuen, 1978, p. 95.

25. Gordon Childe, *New Light on the Most Ancient East*, Londres, Routledge and Kegan Paul, 1954, p. 114. Cet ouvrage a d'abord été publié en 1928 sous le titre *The Most Ancient East*.

26. Il s'agit de la célèbre et fort controversée « théorie hydraulique » sur les origines de la civilisation, proposée par Julian Steward en 1949. Bien qu'elle ne soit pas applicable à chaque civilisation, elle conserve ses

mérites dans le cas de la Mésopotamie, de l'Égypte et de la vallée de l'Indus.

27. Voir Bruce Trigger, *Early Civilizations : Ancient Egypt in Context*, Le Caire, American University in Cairo Press, 1993, p. 9, citant Robert McCormick Adams, *Heartland of Cities : Surveys of Ancient Settlement and Land Use on the Central Floodplain of the Euphrates*, Chicago, University of Chicago Press, 1981.

28. La ziggourat était bâtie en briques crues, recouvertes d'un plâtre plus étanche et de carreaux colorés, ou en pierres et en briques cuites ; le dessus des plates-formes était enduit de goudron, la plus ancienne utilisation connue du pétrole irakien. Par sa hauteur et l'usage des carreaux colorés en motifs géométriques, la ziggourat a été le précurseur du minaret.

29. Gordon Childe, *What Happened in History*, Harmondsworth, Pelican, 1964, p. 101.

30. Dans les endroits où la bonne pierre, par exemple le silex et l'obsidienne, abonde, les avantages du bronze ne compensent pas nécessairement le coût et l'effort qu'exige son travail. Mais là où tous les matériaux bruts sont importés de loin, les outils de bronze ont l'avantage de pouvoir être continuellement réparés ; une hache ou une lame brisée peut être moulée de nouveau ou transformée en un autre outil. Par contre, une fois brisés, des outils de pierre ne servent plus à grand-chose.

31. Sexe sacré et prostitution se retrouvent dans bien des cultures. Les « prostituées » sumériennes ressemblaient sans doute aux hétaires de la Grèce classique. Cette coutume mésopotamienne a certainement contribué à faire de Babylone la « Prostituée fameuse » de la vision apocalyptique.

32. Voir notamment le récit apocryphe « Bel et le dragon », dans lequel Daniel montre au roi de Babylone comment ses prêtres le trompent.

33. Ur n'avait que 150 acres (soixante hectares), ce qui est plus typique de Sumer. La population allait probablement de 10 000 ou 20 000 (Ur et les autres) à 50 000 (Uruk), ce qui se compare à nombre des anciennes cités de taille moyenne dans les deux hémisphères, ainsi qu'à celles de l'Europe médiévale, mais qui est beaucoup moindre que Rome, qui comptait environ un demi-million de personnes, ou que Tenochtitlan (Mexico), qui en comptait environ un quart de million. Voir chap. 4, note 20.

34. Sandars, *Gilgamesh*, p. 18.

35. M. E. L. Mallowan, *Early Mesopotamia and Iran*, Londres, Thames and Hudson, 1965, p. 88. M. E. L. Mallowan cite des textes provenant de Lagash et constatant pour la première fois « la séparation entre l'Église et l'État ».

36. La notion a perduré chez les Européens jusqu'à la Révolution française, et chez les Japonais jusqu'en 1945.

37. Clive Ponting, *A Green History of the World: The Environment and the Collapse of Great Civilizations*, Londres, Sinclair-Stevenson, 1991, p. 58.

38. J. M. Coetzee, *En attendant les barbares*, traduit de l'anglais par Sophie Mailloux, Paris, Éditions du Seuil, 1987.

39. Cette tombe date de la période de la Dynastie Archaïque d'Ur, niveau II ou III, qu'on ne doit pas confondre avec la Troisième Hégémonie d'Ur, ultérieure à Sargon.

40. Une tombe Shang de la Chine archaïque contenait 165 sacrifices humains. Voir Scarre, *Grand Atlas* et William Watson, *China*, Londres, Thames & Hudson, 1961, p. 69.

41. La plus grande pyramide de Cahokia, qui couvre seize acres à la base et s'élève sur trente mètres, est l'un des plus gros édifices du monde toutes périodes confondues, et le plus grand des États-Unis avant le XXe siècle.

La cité comprenait une enceinte fermée de 300 acres, et le centre urbain totalisait au moins 1200 acres. Voir Scarre, *Grand Atlas*; Jack Weatherford, *Ce que nous devons aux indiens d'Amérique: et comment ils ont transformé le monde*, Paris, Albin Michel 1993; Joseph A. Tainter, *The Collapse of Complex Societies*, Cambridge, Cambridge University Press, 1988, p. 16; Carl Waldman, *Atlas of the North American Indian*, New York, Facts on File, 1985, p. 22; Melvin Fowler, « A Pre-Columbian Urban Center on the Mississippi », dans *Scientific American*, août 1975. Les estimations visant la population de Cahokia vont de 20 000 à 75 000 habitants; vu le vaste espace qu'elle occupait et le nombre de tumulus (environ 120), je doute que la cité ait compté moins de 40 000 personnes à son apogée au XIIIᵉ siècle. Les Natchez, un peuple apparenté plus au sud, ont continué de pratiquer l'enterrement des serviteurs jusqu'à la période historique.

42. Cité dans Nancy Lay, *Throughout Your Generations Forever: Sacrifice, Religion, and Paternity*, Chicago, University of Chicago Press, 1992.

43. La légende d'Adam et Ève a ses défauts (le moindre n'étant pas l'origine des femmes de leurs fils), mais elle contient un message humanitaire, soit que tous les humains sont apparentés. Comme l'a dit John Ball, prêtre défroqué du XIVᵉ siècle dans une rime du genre rap pendant la révolte paysanne d'Angleterre: « Quand creusait Adam et qu'Ève s'ouvrait grande / qui alors était un gentleman ? » Ball, un prêtre excommunié qui recommandait de tuer tous les seigneurs et tous les avocats (voir la partie IV du *Henry VI* de Shakespeare), a lui-même été tué par Richard II en 1381.

44. Le nom de plusieurs rois incas, notamment Manku Qhapaq et Wayna Qhapaq (aussi orthographié Manco Capac et Huayna Capac), comportait ce mot. En

quechua moderne, *qhapaq* signifie simplement « riche ».

45. Cité dans Sahlins, *Stone Age Economics*, p. 259.

46. La Chine a connu une famine dans au moins une province presque chaque année depuis 2000 ans. Voir Ponting, *A Green History*, p. 103.

47. La ville de Basra, comme Bagdad, a été construite par les envahisseurs musulmans au VIIe siècle de notre ère ; elle a été prise et occupée par les forces britanniques en 2003.

48. Ou les déluges. Les archéologues ont trouvé des preuves de plusieurs inondations catastrophiques dans les plus anciens horizons sumériens.

49. Utnapishtim était de la cité de Shurrupak, la moderne Fara, l'une des premières à prendre de l'importance (voir Sandars, *Gilgamesh*, p. 91). Cela porte à croire que le grand déluge de la légende est survenu pendant la période sumérienne, lorsque les cités étaient plus facilement inondées. Le nom de Utnapishtim signifie « le Lointain » ; après le déluge, il devient l'esprit des eaux en bordure du golfe Persique.

50. Les extraits proviennent du texte anglais établi par Sandars et traduit en français par Hubert Comte, p. 91-99.

51. Cité dans Ponting, *A Green History*, p. 70.

52. Les récits d'inondations reflètent peut-être une certaine conscience du fardeau qu'impose l'homme à la nature. Enlil est amené à détruire l'humanité à cause du vacarme et du nombre des humains ; après le déluge, la fertilité et l'espérance de vie des humains sont réduites.

53. Tainter, *Complex Societies*, p. 7.

54. Cité dans Ponting, *A Green History*. Je me suis fié surtout à l'excellent sommaire de Ponting, p. 68-73 ; et à celui de Charles Redman dans *Human Impact on Ancient Environments*, Tucson, University of Arizona Press, 1999, p. 133-139.

55. D'après les statistiques de l'Organisation des Nations
Unies pour l'alimentation et l'agriculture (FAO), exposées dans Andrew Goudie, *The Human Impact on the
Natural Environment*, Oxford, Blackwell, 2000, p. 170.
Le chiffre visant l'Irak n'inclut pas les terres qui ne sont
plus en usage. Dans *Middle East : A Physical, Social and
Regional Geography*, Londres, Methuen, 1978, p. 85,
W. B. Fisher estime que 80 pour cent des terres cultivées de l'Irak sont « dans une certaine mesure » salines,
et que, chaque année, un pour cent devient « inutili-
sable ». L'Égypte aussi devient saline, mais une bonne
partie de ses problèmes sont survenus récemment, par
suite de la construction, dans les années 1950, du grand
barrage d'Assouan qui a réduit l'arrosage et le nettoyage
de la vallée du Nil, et transformé ainsi l'écologie naturelle de l'Égypte en une écologie artificielle ressemblant davantage à celle de l'Irak.

Chapitre 4

Machinations pyramidales

DANS LES FORÊTS DU YUCATAN et du Belize demeure une tentatrice ravissante, mais sinistre, que les Mayas appellent Xtabay. À sa vue, des chasseurs solitaires qui ont passé trop de temps dans les bois deviennent fous de désir. Ils l'aperçoivent au travers du feuillage et ne peuvent que la suivre, sans se soucier du soir qui tombe. Ils continuent de la suivre, s'approchant de si près qu'ils perçoivent le parfum sauvage de Xtabay et sentent la caresse délicieuse de ses longs cheveux. Au réveil (en supposant qu'ils se réveillent, car bon nombre n'ont plus été revus), ils sont couverts d'incisions et de sang, la culotte baissée, complètement perdus.

Sexe, nourriture, richesse, pouvoir, prestige : tous nous incitent à l'action, nous font progresser. On peut aussi y ajouter le progrès comme tel, dans son acception moderne de choses matérielles toujours meilleures, une notion issue de la Révolution industrielle et qui en est devenue l'article de foi par excellence[1]. L'île de Pâques et Sumer, deux sociétés antiques dont j'ai esquissé l'évolution jusqu'ici, n'entretenaient probablement pas une telle notion du progrès, mais néanmoins elles ont été séduites et ruinées par leurs propres désirs.

Sont-elles vraiment représentatives de l'ensemble des civilisations ? La civilisation est-elle intrinsèquement inadaptée, une expérience condamnée par sa propre dynamique ? Les ruines que l'on trouve partout dans le monde semblent l'affirmer. Et pourtant, la présence généralisée de la civilisation moderne semble contredire le passé. Notre civilisation est-elle l'exception qui a maté Xtabay et vivra pour toujours avec elle un bonheur parfait ?

Dans le présent chapitre, je vais présenter les deux cas les plus célèbres d'effondrement interne — la chute de Rome, au IVe siècle de notre ère, et de la civilisation maya classique, au IXe siècle —, puis j'examinerai brièvement deux vivaces rustiques, l'Égypte et la Chine. Les civilisations romaine et maya furent beaucoup plus tardives, importantes et, au moins dans le cas de Rome, complexes que celle de Sumer. À l'exemple des Sumériens, les Mayas classiques vivaient dans une constellation de cités-États rivales, mais à leur apogée, leur population était dix fois plus importante, se chiffrant entre cinq et sept millions d'habitants en tout[2]. À son zénith, l'Empire romain régnait sur quelque 50 millions de personnes, le quart de la race humaine à l'époque.

Les Mayas et les Romains n'avaient aucun lien entre eux. Leur civilisation est née en même temps, mais dans les laboratoires distincts de l'Ancien et du Nouveau Monde. Cela les rend utiles dans la compréhension des comportements humains qui transcendent des spécificités telles que le temps, le lieu et la culture, les patterns qui, à mon avis, peuvent nous aider à répondre à deux des questions de Gauguin : *Que sommes-nous ?* et *Où allons-nous ?*

L'île de Pâques et Sumer ont anéanti leur civilisation si méthodiquement et sont tombées si durement qu'elles sont effectivement parvenues à l'extinction[3].

Par contre, Rome et les Mayas ont réussi à durer après leur effondrement sous une forme « médiévale » simplifiée, laissant des descendants directs qui font partie du monde actuel. Les héritiers de Rome ont été l'Empire de Byzance et les peuples européens qui parlent les dialectes modernes du latin. Les Mayas n'étaient pas des bâtisseurs d'empire, et toute renaissance qu'ils auraient pu connaître a été prévenue par l'invasion espagnole au XVIᵉ siècle. Pourtant, la mort de leur culture a été exagérée. Huit millions de personne parlent aujourd'hui une variante de la langue maya — à peu près le même nombre que pendant la période classique — et nombre d'entre eux pratiquent des formes distinctement mayas d'organisation sociale, de croyances, d'art et de calendrier astrologique[4].

Dans mon roman dystopique, *A Scientific Romance*, un personnage appelle la civilisation une « machination pyramidale » et, quelques années plus tard, j'ai utilisé l'expression pour titrer un article qui a semé la graine de ce livre[5]. La pyramide de pierre ou de brique, qui peut aussi prendre la forme de statues, de tombes ou d'édifices à bureaux colossaux, est le signe extérieur et visible de la pyramide sociale humaine. À son tour, la pyramide humaine est soutenue par une pyramide moins visible, la chaîne alimentaire et toutes les autres ressources de l'écologie environnante qu'on nomme souvent le « capital naturel ».

L'histoire de Rome et celle des Mayas montrent aussi, je pense, que les civilisations se comportent souvent comme les ventes pyramidales, qui ne prospèrent qu'avec la croissance. Elles rassemblent la richesse vers le centre à partir d'une périphérie toujours plus lointaine, qui pourrait être la frontière d'un empire politique et commercial ou la colonisation de la nature par l'utilisation intensifiée des ressources, sinon les deux.

Une telle civilisation est donc fortement instable à son apogée, lorsqu'elle a exigé le maximum de l'écologie. À moins que n'apparaisse une nouvelle source de richesse ou d'énergie, elle n'a plus de marge de manœuvre pour hausser la production ou absorber le choc des fluctuations naturelles. Le seul moyen d'avancer est de continuer à hypothéquer la nature et l'humanité.

Une fois que la nature décide de reprendre son bien — par l'érosion, les récoltes déficitaires, la famine et la maladie —, le contrat social s'effrite. Les gens pourront souffrir stoïquement pendant un moment, mais tôt ou tard, la relation entre le souverain et le paradis devient illusion ou mensonge. Alors, les temples sont pillés, les statues renversées, les barbares invités, et on voit s'enfuir par une fenêtre du palais l'empereur aux fesses nues.

Je dois faire une distinction entre un véritable effondrement et des bouleversements politiques comme l'ont été les révolutions française, russe et mexicaine. Bien que le mauvais usage des terres et la faim aient joué un rôle important dans ces bouleversements, leur cause première était l'épuisement du capital social, plutôt que du capital naturel. Une fois que ces sociétés se furent réorganisées, non seulement la civilisation a poursuivi sa course, mais elle s'est développée. Un véritable effondrement résulte de l'extinction ou de la quasi-extinction d'une société, pendant laquelle les personnes meurent ou se dispersent en très grand nombre. Le rétablissement, s'il en est, prend des siècles, car il exige la régénération du capital naturel ; or, les bois, l'eau et le sol arable se reconstituent lentement.

Imaginez le monde pendant les jours de gloire de Rome à la veille de l'an 180, lorsque meurt Marcus Aurelius et que commence la longue agonie. Pendant les deux millénaires écoulés depuis la chute de Sumer, des civilisations ont fleuri tout autour de la terre. Poursuivant sa course dans une journée typique du IIe siècle, le soleil se serait levé sur la dynastie Han de Chine, il aurait passé au-dessus des bouddhistes stupas dans l'Inde de l'empire de Mauryan, il aurait brillé sur les ruines de brique des vallées de l'Indus et de l'Euphrate, et mis plus de deux heures à franchir le lac romain de la Méditerranée. Lorsque midi aurait sonné à Gibraltar, les fidèles auraient accueilli l'aube au sommet des pyramides du haut plateau du Mexique, dans la jungle guatémaltèque et les vallées irriguées du Pérou. Dans son périple vers l'ouest, au-dessus du Pacifique, il n'aurait brillé sur aucune cité ni sur aucun temple, mais même ici, on commençait déjà à planter et à bâtir, de Fiji aux îles Marquises, première pierre de gué polynésienne dans l'hémisphère océanique.

Athènes avait perdu son éclat dès le IVe siècle avant J.-C., mais pas avant qu'Alexandre ait répandu la culture grecque et ses colonisateurs des Dardanelles au nord de l'Inde. L'Égypte, la civilisation la plus conventionnelle de tous les temps, avait connu des périodes d'effritement et de renouveau, mais retenait toujours son caractère antique derrière sa façade européenne le long du delta du Nil.

Au IIe siècle de notre ère, affirme Edward Gibbon dans *Histoire du déclin et de la chute de l'Empire romain*, « l'empire de Rome englobait la majeure partie de la terre, et la portion la plus civilisée de l'humanité[6] ». Les gens qui ne sont pas d'ascendance européenne pourraient contester ces prétentions, mais Gibbon avait certainement raison lorsqu'il ajoutait que la chute de Rome « ne sera jamais oubliée et est toujours ressentie par les nations de la terre ». Les descendants de Rome et des Mayas classiques se sont finalement rencontrés lorsque les Espagnols ont envahi le Nouveau

Monde. Tous les empires européens et néo-européens, comme les États-Unis[7], ont tenté de se façonner d'après des idéaux qu'ils imaginaient classiques, encore que la véritable Rome fût loin de la puissance où régnaient l'ordre et le marbre poli, comme le donne à penser l'architecture qui a survécu[8]. Comme n'importe quelle autre société, les Romains ont oscillé de crise en crise, établissant les règles au fur et à mesure. À vrai dire, la démocratie anglophone est redevable aux Anglo-Saxons tout autant qu'aux Classiques.

Dans le dernier chapitre, j'ai mentionné que le premier village agricole du monde est apparu dans les hautes terres du Croissant fertile, ou le Moyen-Orient, et que l'humanité s'est chassée elle-même de cet éden au sixième millénaire avant J.-C. en dépouillant la terre. Des milliers d'années plus tard, la triste histoire s'est répétée dans le bassin de la Méditerranée, surtout en terrain montagneux couvert de forêts anciennes, un écosystème dont il ne subsiste aujourd'hui presque aucune trace. Une fois de plus, les principaux coupables dans toute la Grèce, le sud de l'Italie, le sud de la France et l'Espagne furent les incendies, les chèvres et la coupe à blanc. Un troupeau de chèvres ne fournit pas seulement du lait et de la viande, mais c'est un capital sur pied, qu'on accumule dans les beaux jours, mais qu'on vend ou qu'on consomme au besoin. Capables de prospérer presque partout, les chèvres créent souvent un milieu dans lequel pas grand-chose ne survit, sauf les chèvres.

Les boisés peuvent supporter le brûlage et la coupe jusqu'à un certain point, mais si trop d'animaux brouteurs sont présents, les jeunes pousses sont consommées, et le boisé meurt de sénescence. Les populations de brouteurs sauvages sont réduites par leurs prédateurs, l'être humain y compris. Mais les éleveurs gardent souvent tant d'animaux que le surpâturage est constant[9]. En périodes de populations élevées et de pauvreté rurale, le pâturage est souvent suivi du labourage, les grattes ou les charrues donnant le coup final au sol, un spectacle commun de nos jours dans le monde soi-disant en développement[10].

Les Athéniens ont commencé à s'inquiéter de la déforestation au début du VIe siècle avant J.-C. À cette époque, les populations urbaines de Grèce croissaient rapidement, la plupart du bois d'œuvre avait déjà été coupé et les pauvres cultivaient des collines dénudées par les chèvres avec des résultats désastreux. Si les Sumériens n'ont pas été conscients de la destruction causée par leur méthode d'irrigation avant qu'il soit trop tard, les Grecs, eux, ont compris ce qu'il se passait et ont tenté de faire quelque chose. Réalisant que la pauvreté rurale et l'aliénation des terres par les nobles et puissants Athéniens étaient la cause de bien des ennuis, Solon, homme d'État en 590 avant J.-C., a interdit l'esclavage pour dette et l'exportation de denrées alimentaires ; il a aussi essayé de proscrire l'agriculture sur les pentes abruptes. Une génération plus tard, Pisistratus, autre dirigeant d'Athènes, a offert des octrois pour la plantation d'oliviers, ce qui aurait été une mesure efficace de remise en état du terrain, surtout si elle était combinée à l'aménagement de terrasses[11]. Mais comme c'est le cas pour des projets semblables de nos jours, le financement et la volonté politique n'ont pas été à la hauteur de la tâche. Quelque deux cents ans plus tard, Platon dans son dialogue inachevé, *Critias*, peint un portrait saisissant des dommages, qui montre d'ailleurs une connaissance pénétrante du rapport entre l'eau et les boisés :

> Ce qui reste à présent, comparé à ce qui existait alors, ressemble à un corps décharné par la maladie. Tout ce

qu'il y avait de terre grasse et molle s'est écoulé [...] parmi les montagnes, il en est qui ne nourrissent plus que des abeilles, il n'y a pas bien longtemps qu'on y coupait des arbres. [La terre] recueillait aussi les pluies annuelles et ne perdait pas comme aujourd'hui l'eau qui s'écoule de la terre dénudée dans la mer, [...] la terre était alors épaisse et recevait l'eau dans son sein et la tenait en réserve dans l'argile imperméable [...] elle alimentait en tous lieux d'abondantes sources et de grosses rivières. Les sanctuaires qui subsistent encore aujourd'hui près des sources qui existaient autrefois portent témoignage de ce que j'avance à présent[12].

Ce n'est pas une coïncidence que le pouvoir et les accomplissements de la Grèce aient commencé à pâlir à peu près à cette époque. L'archéologie révèle une scène semblable ailleurs autour de la Méditerranée. Le sud de l'Italie et la Sicile étaient bien arborés jusqu'à 300 avant J.-C., mais les boisés ont rapidement rétréci alors que Rome et d'autres cités grandissaient, exigeant d'énormes quantités de bois d'œuvre, de charbon et de viande. Encore une fois, il faut blâmer le bétail et les pratiques de tenure des terres. Dans plusieurs bassins versants, tant de sol a été emporté des collines vers les estuaires que se sont formés des marécages impaludés et des ports envasés comme Ostia et Paestum. Rome ne s'est pas effondrée avant encore bien des siècles, de sorte que cette première dégradation ne fut évidemment pas assez grave pour renverser l'économie, mais elle explique la diminution de la production agricole, la dépendance accrue à l'égard des céréales importées et le déclin rural du cœur de l'Italie. Un peu avant le temps du Christ, le poète Ovide écrivait :

Mais la terre donnait mieux : des moissons venues sans soc recourbé,
Et des fruits et du miel cueilli au creux des chênes.

Personne ne fendait le sol avec la charrue brutale
Et aucun arpenteur n'y traçait des limites.
Pas de mouvements de rames, qui s'enfoncent et
soulèvent la mer :
Sa rive était pour le mortel la borne ultime.
Contre toi-même, nature humaine, tu as été des plus
habiles
Et tu t'es trop bien ingéniée à te nuire :
À quoi t'a-t-il servi de ceindre les villes de murailles
et de tours ?
À quoi t'a-t-il servi d'armer des mains rivales[13] ?

Jusqu'à l'époque de Jules César, les conquêtes de
Rome étaient essentiellement des entreprises privées.
Les citoyens de Rome qui partaient à la guerre en reve-
naient avec du butin, des esclaves et un fleuve de tributs
levés par des agents locaux à commission, dont les
méthodes incluaient l'extorsion et le prêt usurier.
Cicéron prétend que Brutus a prêté de l'argent à une ville
cypriote à un taux d'intérêt de 80 pour cent — de toute
évidence une pratique répandue qui présageait déjà la
dette du tiers-monde[14].

Qu'ils fussent praticiens de bonne famille ou nouveaux riches, les soldats de fortune de retour à Rome
voulaient jouir de leurs gains et en faire étalage. Il en
résulta un boom foncier dans tout le territoire acces-
sible autour de la capitale. Les paysans étaient dépossé-
dés et expulsés sur des terres incultes, ce qui entraîna
des conséquences environnementales semblables à
celles que Solon a constatées à Athènes. Les fermes
familiales ne pouvaient soutenir la concurrence avec de
grands domaines exploités par des esclaves ; elles faisaient faillite ou étaient forcées de vendre, et les jeunes
hommes allaient grossir les rangs de la légion. Les
anciennes communes de la paysannerie romaine furent
aliénées encore moins légalement. Comme à Sumer, les

terres publiques passèrent bientôt à des mains privées, situation que les frères Gracchus ont tenté de corriger par une réforme agraire à la fin du IIe siècle avant J.-C. Toutefois, la réforme a échoué, les communes furent perdues, et l'État a dû calmer les ordres inférieurs en leur donnant du blé, une solution qui devint plus coûteuse à mesure qu'augmentait le prolétariat. Sous le règne de Claude, 200 000 familles romaines étaient inscrites au chômage[15].

L'une des ironies révélatrices de l'histoire de Rome est que la démocratie propre à la cité-État s'est évanouie à mesure que grandissait l'Empire. Le véritable pouvoir passa du sénat aux mains enthousiastes de commandants, comme Jules César, qui dominaient des armées et des provinces entières. Il faut dire qu'en contrepartie du pouvoir, César a donné à Rome des réformes intelligentes — un précédent souvent invoqué par les despotes impatients de contourner la loi. « La nécessité », écrit Milton, est toujours le « prétexte des tyrans[16] ».

Les anciennes civilisations étaient généralement de deux types, soit celui de la cité-État ou celui de l'empire centralisé, et les deux sont survenus indépendamment dans l'Ancien Monde comme dans le Nouveau[17]. Lorsque l'Empire éclipsa la République, Rome passa du premier type de régime au second. (Une évolution semblable a eu lieu en d'autres temps et lieux, mais elle n'est nullement inévitable. Plusieurs pays modernes, notamment le Canada et les États-Unis, montrent des caractéristiques des deux types.)

Quelques années après le meurtre de Jules César et une autre ronde de guerres civiles, le sénat fit un marché avec le petit-neveu de César, Octavien, qui prit le nom d'Auguste et instaura le nouveau régime du *principat*. Les mesures qu'il adopta étaient supposées n'avoir cours que pour la durée de sa vie. En théorie, il était premier magistrat, et la République était toujours en vigueur. En réalité, une nouvelle ère de quasi-monarchie avait débuté[18]. L'Empire avait abandonné les institutions de sa cité fondatrice.

Auguste et nombre de ses successeurs devinrent des dirigeants adroits et avertis. La plupart d'entre eux comprenaient, comme lui, que le temps était venu de consolider et d'intégrer l'Empire. Le rêve belliciste de reconquérir les domaines d'Alexandre fut discrètement abandonné[19]. À l'est, la frontière fut fixée à l'Euphrate et le long du Rhin et du Danube. Les autres grandes frontières étaient naturelles, soit les déserts du Sahara et d'Arabie, et la côte de l'Atlantique.

Malgré diverses perturbations, l'ordre d'Auguste a duré près de deux siècles ; l'Empire occidental allait alors mettre deux cents ans de plus à mourir. La capitale a continué de croître bien après que ses dominions eurent commencé à s'effilocher aux coutures ; comme dans les pays modernes, l'agitation dans les provinces poussait le peuple vers le centre. La population de Rome a sans doute atteint son apogée à peu près au moment où Constantin scindait l'Empire au IVe siècle de notre ère. Qu'elle fût d'un million, comme certains le prétendent, ou de la moitié de ce chiffre, c'était néanmoins la plus grande ville sur terre, surpassant ses contemporaines de Chine et du Mexique, dont chacune comptait plusieurs centaines de milliers d'habitants[20].

Les villes de millions de personnes sont un phénomène récent tributaire du transport mécanisé. À l'époque d'Henri VIII, les plus grandes villes d'Europe occidentale, Paris, Londres et Séville, comptaient à peu près 50 000 personnes chacune, comme Uruk à l'époque de Gilgamesh. À la mort de la reine Victoria, seulement 16 villes dans le monde avaient un million ou plus d'habitants ; à présent il y en a au moins 400[21]. Toutes

les villes préindustrielles étaient confrontées aux diffi-
cultés que posaient quotidiennement l'approvisionnement et la décharge des ordures, un problème que le
cheval et la charrette n'arrivaient pas nécessairement à
résoudre. La meilleure solution était le transport par un
réseau de canaux, comme à Venise, ou dans la ville
aztèque de Mexico[22].

La vérité est plutôt déplaisante : jusqu'au milieu du
XIXᵉ siècle, la plupart des villes étaient des pièges mortels, grouillants de vermine, de parasites et de maladies.
L'espérance de vie moyenne dans l'ancienne Rome
n'était que de 19 à 20 ans, bien moins élevée qu'à Çatal
Hüyük au Néolithique[23], mais un peu meilleure que
dans le Pays noir d'Angleterre, que Dickens a si vive-
ment dépeint, et où la moyenne chutait à 17 ou 18 ans[24].
Sans un apport constant de soldats, d'esclaves, de
marchands et de migrants pleins d'espoir, ni l'ancienne
Rome ni Londres à l'époque de la révolution industrielle n'auraient pu garder leur population à la hausse.
Rome a connu plusieurs pandémies graves, peut-être
d'origine asiatique. Bien que celles-ci aient causé des
problèmes de main-d'œuvre et de fiscalité, il se peut
qu'elles aient retardé le déclin de l'Empire en réduisant
la pression sur les terres.

Il existe toute une gamme d'explications pour la
chute de Rome — la peste, l'empoisonnement au plomb,
les empereurs fous, la corruption, les barbares, la chrétienté —, ce à quoi Joseph Tainter, dans son livre sur les
effondrements sociaux, a ajouté la loi de Parkinson. Les
systèmes complexes, soutient-il, succombent inévitablement à la baisse des rendements. Toutes autres choses
étant égales, le coût même de diriger et de défendre un
empire devient finalement si lourd qu'il est plus efficace de renverser toute la superstructure impériale et de
retourner à des formes locales d'organisation. À

l'époque de Constantin, l'armée impériale comptait plus d'un demi-million d'hommes, une charge énorme sur le trésor dont les revenus dépendent surtout de l'agriculture, et compte tenu du fait qu'on avait accordé des exemptions fiscales à nombre des grands propriétaires terriens.

La solution adoptée par le gouvernement fut de déprécier la monnaie utilisée pour la paye; en fin de compte, le denarius contenait si peu d'argent qu'il devint en fait une devise de papier. Il s'ensuivit une inflation à la Weimar. Une mesure de blé égyptien qui se vendait un demi-denarius dans les beaux jours de l'Empire, coûtait 10 000 denarii en 338 de notre ère. Au début du IVe siècle, il fallait 4000 pièces d'argent pour acheter un solidus d'or; à la fin du siècle, il en fallait 180 millions[25]. Usés par l'inflation et des impôts injustes, les citoyens commencèrent à fuir chez les Goths[26].

Comme la société romaine était lettrée, nous connaissons tous ces malheurs parce qu'ils affectaient aussi les hautes strates de la pyramide humaine. Mais sous les maux du corps politique s'étendait la dégradation constante de la pyramide naturelle qui soutenait tout l'édifice. Les travaux archéologiques en Italie et en Espagne ont révélé une érosion avancée correspondant aux niveaux élevés d'activité agricole dans les temps impériaux, suivie de l'effondrement de la population et de l'abandon jusqu'à la fin du Moyen Âge[27].

L'Empire appauvrissait le sol du sud de l'Europe, si bien que Rome exporta son fardeau environnemental dans ses colonies et en vint à dépendre des céréales de l'Afrique du Nord et du Moyen-Orient. Les conséquences sont encore visibles aujourd'hui dans ces régions. Antioche, capitale de la Syrie romaine, dort sous une couche d'argile de quelque neuf mètres, emportée des collines dégarnies, et les grandes ruines libyennes de

Leptis Magna s'élèvent maintenant dans un désert[28]. Les greniers de l'ancienne Rome sont remplis de sable et de poussière.

Bien entendu, cela n'est qu'une partie de l'histoire. Rome régnait sur de nombreux environnements, qui n'ont pas tous été exploités de façon aussi destructive. Au nord des Alpes, l'Europe demeura peu peuplée, car son climat était humide et ses sols argileux convenaient mal aux charrues grossières du temps. La Londres romaine ne couvrait qu'un mille carré, et la station thermale de Bath, dont les murs ont impressionné un poète saxon qui y voyait « une chose royale [...] l'œuvre de géants[29] », ne couvrait que deux douzaines d'acres.

L'histoire médiévale confirme l'évidence archéologique : la chute de l'Empire a été ressentie le plus brutalement dans le centre, c'est-à-dire dans le bassin méditerranéen qui a supporté le gros du fardeau environnemental. Le pouvoir se déplaça alors vers la périphérie, où les envahisseurs germaniques, notamment les Goths, les Francs, les Anglais, ont fondé de petits États ethniques sur les terres nordiques que Rome n'avait pas épuisées.

Quant à la grande cité, pillée et abandonnée, elle fut le prix disputé par d'incessantes guerres barbares et papales. Sa population n'allait pas atteindre de nouveau le demi-million avant le XXe siècle.

Pendant que Rome conquérait le quart de l'humanité, un autre quart — celui qui vivait dans les Amériques — poursuivait, comme je l'ai noté, des expériences sociales similaires[30]. Pendant le premier millénaire de notre ère, la civilisation dite de Chavín a répondu son style artistique très orné dans une bonne partie du Pérou[31]. Peu de temps après l'ère du Christ, les temples de pierre de Tiwanaku s'élevèrent près du lac Titicaca, à une altitude de près de quatre mille mètres, l'une des plus hautes cités jamais bâties[32].

La plus grande ville des Amériques à l'apogée de l'Empire romain était Teotihuacan, dans le centre du Mexique, l'un des rares centres urbains pouvant alors rivaliser avec Rome. Couvrant près de 13 kilomètres carrés, avec sa grande avenue cérémoniale s'étirant dans l'axe du quadrillage et flanquée de pyramides à plates-formes, sa configuration était plus grandiose que celle de Rome, encore que sa population ait été moindre[33].

La civilisation mésoaméricaine avait émergé vers 1200 avant J.-C. avec les Olmèques du golfe du Mexique ; leur architecture, leur sculpture et leurs mathématiques ont inspiré tant Teotihuacan que les Mayas, un peuple qui vit au Guatemala, au Yucatán et au Honduras depuis au moins 4.000 ans[34]. Selon les archéologues, la période maya classique aurait débuté environ 200 ans avant J.-C. avec l'avènement de la royauté et des inscriptions royales, mais la civilisation maya a été établie bien avant cela. Un glyphe datant de 400 avant J.-C. a été découvert, et certains des plus imposants temples mayas jamais construits l'ont été pendant le IIe siècle avant J.-C. à Calakmul, et à El Mirador[35], les fondations d'un édifice couvrent 22 acres, une empreinte aux dimensions de la Bath romaine[36].

L'image typique que nous nous faisons des Mayas — celle qui apparaît à la fin du premier film de *La Guerre des étoiles* — est celle de temples se dressant comme des gratte-ciel délabrés dans le couvert forestier émeraude de la jungle. La scène a été tournée aux ruines de Tikal, la plus importante cité maya de la fin de la période classique, devenue un sanctuaire faunique pour des centaines d'espèces d'oiseaux et d'animaux rares, notamment l'ocelot et le jaguar. Il y a mille deux cents ans, lorsque ces temples étaient encore utilisés quotidiennement, la jungle y aurait été presque inexistante.

Comme un roi de Sumer au sommet de sa ziggourat, le seigneur de Tikal aurait pu laisser planer son regard sur un paysage artificiel : un centre urbain dense comprenant une demi-douzaine de temples d'une soixantaine de mètres de hauteur, puis des palais et des banlieues, puis des champs et des fermes s'étalant jusqu'à l'horizon, où le profil des villes voisines se découpait sur le ciel.

Comme dans d'autres systèmes de cités-États, la civilisation maya était concurrentielle et fertile sur les plans artistique et intellectuel. Les Mayas de la période préclassique (et les Olmèques) ont été les premiers peuples du monde à mettre au point la numération avec le concept de zéro. Cette notion mathématique, qui nous semble si évidente aujourd'hui, n'a été inventée que deux fois dans l'histoire. Elle a échappé aux Grecs et à toute l'Europe jusqu'à ce que le système arabe (mis au point en Inde vers 600 de notre ère) évince les encombrants chiffres romains à la fin du Moyen Âge[37]. La Méso-Amérique fut aussi l'un des trois ou quatre rares endroits ayant inventé une écriture, que les Mayas ont développée en un système phonétique et en un système de glyphes[38]. (Les autres furent Sumer, la Chine et peut-être l'Égypte ; le reste des écritures dans le monde ou bien dérivent de celles-ci ou bien ont été stimulées par la connaissance de l'existence d'une écriture dans une société voisine[39].)

Utilisant leur arithmétique avancée pour établir un calendrier qu'ils ont appelé le compte long, les Mayas ont étudié les mystères du temps, transcrit les événements astronomiques et formulé des calculs mythologiques loin dans le passé et dans l'avenir — parfois sur des millions d'années[40]. Les calendriers ont leur pouvoir, comme l'aurait affirmé Jules César, qui a nommé le mois de juillet d'après lui-même. Seulement trois livres mayas anciens ont survécu, mais ils suffisent à révéler l'astronomie la plus exacte qui ait existé jusqu'à la Renaissance en Europe, alors que le calendrier de César était déjà décalé de dix jours par rapport au soleil.

Le contrat social entre les rois mayas et leurs sujets était que grâce à un savoir et à un rituel spéciaux, les dirigeants gardaient la terre en accord avec le ciel afin d'assurer de bonnes récoltes et la prospérité. Ils ont réussi au-delà de toute espérance. À l'apogée de la période classique au VIIIe siècle de notre ère, les populations rurales étaient aussi denses que dans l'Asie du Sud-Est préindustrielle[41]. À lui seul, le royaume de Tikal pouvait comprendre un demi-million de personnes, selon les frontières[42]. Les autres États — une douzaine d'importants et peut-être cinquante de plus — étaient beaucoup plus petits et semblent avoir été organisés en fonction d'alliances instables, système assez semblable à celui en vigueur dans les États modernes.

La plupart des Mayas vivaient dans des fermes. Même dans les lieux éloignés de la ville, leur nombre pouvait atteindre 800 au kilomètre carré en sol fertile[43]. Comment la fragile écologie d'une forêt tropicale humide qu'on croit avoir été défrichée par incendies a-t-elle pu supporter pareilles densités ? Cette question a longtemps mystifié les chercheurs. On sait maintenant que les Mayas pratiquaient l'agriculture intensive dans des marécages, suivant la méthode dite de champs surélevés, aménagés dans un réseau de canaux et de fossés qu'on bloquait pour assécher la terre lors de la saison des pluies et qu'on débloquait pour l'arroser en saison sèche. Ces canaux étaient ensemencés de poissons, et les matériaux de dragage mêlés au compost et aux eaux usées servaient de fertilisants. Comme le

disaient par euphémisme les gens de l'époque victorienne en Inde, les champs mayas étaient « auto-
fertilisants[44] ».

Comme la plupart des petites sociétés, les villes
mayas ont d'abord été communautaires, mais une pyramide sociale familière s'est élevée en même temps que
les pyramides de pierre. Et bien entendu, la nature
devait en supporter tout le fardeau. L'étude d'anciens
pollens confirme qu'à mesure que croissaient les villes,
la jungle mourait sous la hache de pierre. Les champs de
maïs se propageaient, et les arbres diminuaient alors
que disparaissait le gibier, source principale de protéines pour les Mayas, en dehors du poisson, de la dinde
et, à l'occasion, du chien à la peau glabre. Dès le milieu
de la période classique, seule la classe supérieure des
plus grands États consommait de la viande régulièrement.

Chaque cité avait un style distinct. Copan a produit
des sculptures très travaillées, que Aldous Huxley a
comparées à des ivoires chinois, les effigies de ses rois
rayonnant d'ordre et de raffinement[45]. Les palais de
Palenque étaient légers et créatifs, ornés de bas-reliefs
et de stuc finement ciselé. Tikal est devenue une ville
verticale massive, ces édifices centraux étant les plus
hauts d'Amérique jusqu'au XIXe siècle — un Manhattan
de gratte-ciel art déco. (La ressemblance n'est pas imaginaire, car l'architecture maya a influencé les styles
modernes, en particulier la forme des premiers gratte-
ciel et l'œuvre de Frank Lloyd Wright[46].)

Maintenant que nous pouvons les lire, les
inscriptions mayas ont dissipé toute ancienne notion
voulant que la vie ait été noble et sereine pendant la
période classique. Mis à part de grandioses explorations
du temps cosmique, les textes publics étaient aussi de la
propagande royale, proclamant les naissances, les

accessions au pouvoir, les morts, les victoires et les coups d'État. Au cours du VIIIᵉ siècle, quand les ennuis commencent à couver, les déclarations se font plus stridentes, trahissant une ruée sur le pouvoir et les ressources dans un monde qui se contracte sans cesse. Le militarisme prend prise, les anciennes alliances s'écroulent, les dynasties deviennent instables, la classe dirigeante exalte ses propres mérites en édifiant des projets extravagants. Il a fallu 1500 ans pour construire Tikal, mais toutes les tours qui surveillent encore la forêt environnante ont été édifiées au cours du dernier siècle de la cité, fleurons dispendieux à la veille de l'effondrement[47].

Lorsque les grandes cités vacillent, les arrivistes commencent à s'affirmer, comme cela s'est produit en Grèce pendant les guerres du Péloponnèse. Dans la ville maya de Dos Pilas, qui a futilement ambitionné de prendre le pouvoir au milieu du VIIIᵉ siècle, des excavations nous ont donné un aperçu des derniers jours ; massé dans l'esplanade centrale, le peuple arrache les pierres des temples pour ériger des barricades. Tout aussi poignantes sont les murales de la petite ville de Bonampak, qui a commandé une série de fresques commémorant une grande victoire dans les années 790[48]. Conçue de main de maître, la scène de la bataille est l'une des plus vivantes et des plus adroites de l'art ancien : après la victoire, les prisonniers sont exposés, sanguinolents sur les marches du temple, tandis qu'un défilé de musiciens et de femmes nobles présente un héritier au royaume. Cela fait tellement nouveau riche. Et tellement bref. Les murales ne furent jamais complétées ; les scribes n'ont jamais écrit l'épopée glorieuse ; aucune légende n'apparaît sur les blocs, dont le silence traduit plus fidèlement la vérité que tout ce qu'on aurait pu y lire.

En l'an 810, Tikal enregistrait ses dates ultimes[49]. Une à une, les cités se turent, aucune autre inscription n'étant portée sur les monuments, jusqu'au 18 janvier 909 (10.4.0.0.0 pour les Mayas), dernière date sculptée (à Toniná), et la prodigieuse machine du calendrier du compte long s'arrêta de tourner[50].

Qu'est-ce qui a cloché ? Comme dans le cas de Rome, les suspects habituels ont été examinés : guerre, sécheresse, maladie, épuisement du sol, invasion, perturbation du commerce, révolte paysanne. Certains de ces événements sont trop soudains pour expliquer un effondrement qui a mis plus d'un siècle à se réaliser. Toutefois, bon nombre d'entre eux pourraient découler d'un malaise écologique. Une fois de plus, les études sur les sédiments montrent l'érosion généralisée. Pas de chèvres à blâmer ici, mais le cumul de petites pertes année après année peut mener à la faillite. Les haches de pierre sont plus lentes que l'acier, et les grattes plus gentilles que la charrue, mais en nombre suffisant, elles feront le même travail à la longue.

La fertilité de la forêt pluviale se trouve surtout dans les arbres. Le déboisement qui se produit de nos jours en Amazonie montre qu'on peut détruire le terreau tropical en quelques années. Les Mayas comprenaient l'importance du sol et l'ont mieux conservé que ne le font les colons d'aujourd'hui avec leurs tronçonneuses, mais en bout de ligne, la demande a dépassé l'offre. David Webster, qui a fait des fouilles dans plusieurs sites importants, a récemment écrit un ouvrage sur la chute des Mayas. Voici ce qu'il dit au sujet de la plus grande des cités-États : « L'explication la plus convaincante dont nous disposons sur l'effondrement du royaume de Tikal est la surpopulation, l'échec des cultures et la faillite des récoltes, avec tout ce que cela comporte de conséquences politiques[51]. »

Sa conclusion vaut aussi pour la plupart des basses terres centrales. La belle cité maya de Copan, qui s'élève dans une vallée du Honduras entourée de collines abruptes, est tombée dans un piège bien connu, un piège qui coûte des millions d'acres dans le monde aujourd'hui. Copan a d'abord été un petit village sur de bonnes terres près d'un fleuve, modèle traditionnel d'établissement qui, au début du moins, était sans danger. À mesure qu'elle croissait, cependant, elle a pavé de plus en plus de ses meilleures terres. Les fermiers ont dû exploiter le sol fragile des collines, qui n'était plus retenu par la forêt coupée à blanc. Alors que la cité s'éteignait, tant de limon fut emporté des collines que des maisons et des rues entières ont été envasées[52].

Les ossements humains extraits des sites de la période classique montrent un écart grandissant entre les riches et les pauvres, les bien-nantis devenant plus grands et plus lourds, alors que la croissance des paysans était retardée. Vers la fin, toutes les classes semblent avoir subi un déclin général sur le plan de la santé et de l'espérance de vie. Si nous pouvions examiner des momies mayas, nous les trouverions sans doute criblées de parasites et des maux de la malnutrition, comme les anciens Égyptiens. Webster croit qu'à l'apogée de la magnificence de Copan, pendant le long règne du roi Yax Pasaj, « l'espérance de vie était courte, la mortalité, élevée, et les gens étaient souvent malades, mal nourris et d'apparence chétive[53] ».

Les restes d'une maison montrent qu'au cours d'un siècle et demi, la population de Copan est passée d'environ 5 000 à 28 000 habitants, atteignant son sommet en 800 de notre ère ; elle est restée élevée pendant un siècle, a décliné de moitié en 50 ans, et, en 1200 de notre ère, il n'en restait presque rien. Nous ne pouvons attribuer ces chiffres à des immigrations ou à des émigrations massives, car on retrouve un modèle très semblable dans toute la région maya. Le graphique, observe Webster, « ressemble de près au cycle de prospérité et de débâcle associé aux [...] populations d'animaux sauvages[54] ». Il aurait pu le comparer à quelque chose de plus immédiat : la hausse au quintuple qu'a connue Copan en seulement un siècle et demi est exactement le même taux d'augmentation qu'a connu le monde moderne, dont la population a bondi de 1,2 milliard en 1850 à 6 milliards en 2000.

Certains chercheurs attribuent la chute à une grave sécheresse survenue au IXe siècle, un bol de poussière maya. Pourtant, l'effondrement avait alors déjà commencé dans plusieurs régions[55]. À leur apogée, au VIIIe siècle, les grandes cités mayas de l'intérieur fonctionnaient à leur limite. Elles avaient déjà encaissé tout leur capital naturel. La forêt était coupée, les champs épuisés, la population trop élevée. Et le boom de la construction a empiré les choses, car il exigeait encore plus de terres et de bois d'œuvre. Leur situation était instable, et elles étaient vulnérables à toute déchéance des systèmes naturels. Même comparable à celles qu'avaient endurées les Mayas auparavant, une sécheresse aurait alors été le coup fatal plutôt que la cause[56].

À mesure que la crise prenait de l'ampleur, la réaction des dirigeants ne fut pas de chercher une nouvelle voie, de réduire les dépenses royales et militaires, d'essayer de remettre la terre en état à l'aide du terrassement, ni d'encourager le contrôle des naissances (dont les Mayas ont pu connaître le moyen). Non, ils se braquèrent et continuèrent de faire ce qu'ils avaient toujours fait, seulement en pire. Leur solution fut de construire de plus hautes pyramides, de donner plus de pouvoirs aux rois, d'exploiter davantage les masses, de guerroyer davantage. En termes modernes, l'élite maya devint extrémiste, ou ultraconservatrice, pressant le citron de la nature et de l'humanité jusqu'à sa dernière goutte.

Des quatre cas que nous avons examinés jusqu'ici, deux, l'île de Pâques et Sumer, n'ont pu se rétablir parce que leur écologie était incapable de se régénérer. Les civilisations de Rome et des Mayas se sont lourdement écrasées de l'intérieur, là où les exigences écologiques étaient les plus accablantes, mais ont laissé des vestiges de sociétés dont les descendants se sont reproduits jusqu'à nos jours. Pendant un millier d'années de faible population, le terreau a pu se rétablir dans les deux pays, tout aidé qu'il fût par les cendres volcaniques et les pandémies[57]. L'Italie n'est quand même pas l'île de Pâques, ni le Guatemala, Sumer[58].

Il y a une énigme ici : si les civilisations se détruisent si souvent d'elles-mêmes, pourquoi l'expérience globale de la civilisation a-t-elle si bien fonctionné ? Si Rome n'a pu se nourrir à long terme, comment est-il possible que pour chaque personne sur terre à l'époque des Romains, il y en ait trente aujourd'hui ?

La régénération naturelle et la migration humaine font partie de la réponse. Les civilisations anciennes étaient locales et vivaient d'écologies particulières. Lorsqu'une tombait, une autre naissait ailleurs. De vastes pans de la planète n'étaient encore que très peu peuplés. Un film de la terre tourné en accéléré depuis l'espace montrerait des civilisations éclatant comme des feux de forêt dans une région après l'autre. Certaines furent isolées et spontanées ; d'autres furent transportées d'un lieu à un autre au cours des siècles, des étincelles sur le vent de la culture. Ranimées de leurs cendres, quelques-unes ont brillé une deuxième fois dans un endroit favorable après une longue période inactive.

Une autre partie de la réponse est que même si la plupart des civilisations ont outrepassé les limites de la nature et se sont effondrées en un millier d'années ou à peu près, ce ne fut pas le cas pour toutes. L'Égypte et la Chine ont continué de briller sans utiliser tout leur carburant naturel pendant plus de 3000 ans. Qu'est-ce qui les rend différentes ?

L'Égypte, comme l'a écrit Hérodote, était « un don du Nil », ses champs étant arrosés et son sol ravivé chaque année par une couche de limon apportée par les inondations. Les collines désertiques flanquant le fleuve ont montré dès le départ où étaient les limites du labourage. Il n'y avait ni pentes boisées ni jungles pour susciter un boom démographique sur un terreau fugace[59]. Le Nil et son delta n'offraient que 24 000 kilomètres carrés de terre arable, une aire de la taille de la Hollande prenant la forme d'un lotus dont la tête toucherait la mer. Aussi conservatrices que la culture comme telle, les méthodes agricoles d'Égypte étaient simples et tiraient profit du cycle naturel des eaux plutôt que de s'y opposer[60]. L'étroitesse et le drainage de la vallée du Nil ont ralenti l'accumulation du sel qui a empoisonné Sumer ; et contrairement aux Mayas ou à nous-mêmes, les anciens Égyptiens étaient généralement assez sages pour ne pas construire sur les terres agricoles[61].

La croissance démographique de l'Égypte a été inhabituellement lente. Tout au long des périodes pharaonique, romaine et arabe, elle est restée bien en deçà de la moyenne mondiale, prenant 3000 ans à partir de l'ancien royaume jusqu'au règne de Cléopâtre pour passer de moins de deux millions d'habitants à six millions, et restant à ce niveau depuis le XIXe siècle, lorsque l'irrigation a commencé[62]. Cela nous apprend que six millions de personnes, ou environ 150 au kilomètre carré, constituaient la capacité limite des terres agricoles du Nil, une limite sévèrement imposée par la famine lorsque le fleuve ne suffisait pas à la tâche et par les hauts niveaux de maladies d'origine hydrique[63]. La nature a forcé l'Égypte à vivre selon ses moyens, mais les moyens de l'Égypte étaient ceux d'un étudiant à l'étranger entretenu par ses parents ; chaque année le Nil comblait ses besoins aux dépens d'autres peuples agricoles vivant en amont dans les hauts plateaux éthiopiens.

La Chine a aussi reçu plus que sa juste part de sol arable, encore que celle-ci ait pris la forme d'un montant forfaitaire, plutôt que celle d'une allocation annuelle. Bien avant l'avènement de l'agriculture, les vents secs soufflant sur la masse terrestre qu'était alors l'Eurasie avaient emporté le sol arable exposé par le retrait des glaciers et l'avaient déposé sur la Chine sous la forme d'un loess, terreau de la couleur d'un lion qui a donné son nom au Huang He (fleuve jaune). Les sédiments se superposent ainsi en couches de centaines de mètres d'épaisseur sur les plateaux fertiles, sculptés ici et là de ravins escarpés, ou s'étalent plus bas, dans la plaine alluviale. Cette terre était d'une indulgence presque sans bornes, l'érosion ne servant qu'à exposer une nouvelle couche de bon terreau[64]. La civilisation en Chine a débuté plus de mille ans après celle de l'Égypte, mais l'a bientôt dépassée en importance et s'est répandue dans d'autres zones climatiques. Au zénith de l'Empire Han, la Chine régnait sur 50 millions de personnes, de la Mongolie au Viêt-Nam, soit le même nombre que son partenaire commercial contemporain et éloigné, Rome[65].

La chute de la dynastie Han au IIIᵉ siècle de notre ère est attribuable à des causes politiques plutôt qu'écologiques. La Chine se revitalisa sans tarder, adoptant les nouvelles idées venues de l'Inde et étendant vers le sud

la culture des rizières, l'une des méthodes agricoles les plus productives jamais inventées.

Tout de même, si nous devions scruter de plus près l'Égypte et la Chine, nous les trouverions moins stables qu'elles ne le semblent de loin. Vers 2000 avant J.-C., par exemple, une série d'inondations dans les basses terres du Nil a entraîné la famine et des révoltes qui ont renversé l'ancien royaume. En Chine aussi, des paysans affamés se sont rebellés contre l'élite oppressive. En une occasion lourde d'ironie sociale, ils ont violé la tombe de l'empereur et utilisé les armes de son armée en terre cuite pour renverser la dynastie Ch'in.

En dépit de telles perturbations, et des faux récurrentes que sont la famine et la maladie, la générosité de l'écologie en Chine comme en Égypte a permis à la culture de revivre avant de perdre les progrès acquis[66].

« Une culture, a dit W. H. Auden, n'est pas meilleure que ses bois. » Afin que la terre produise plus de nourriture, les civilisations ont mis au point de nombreuses techniques, certaines durables, d'autres pas. La leçon que je tire du passé est la suivante : la santé de la terre et de l'eau — et celle des arbres, qui sont les gardiens de l'eau — est la seule base durable pour assurer la survie et le succès de toute civilisation.

En fin de compte, la jungle maya a repoussé à partir des boisés chenus laissés dans les zones tampons entre les cités-États qui ont péri. Une famille occupant un palais vide de Tikal — comme l'ont fait certaines par la suite —aurait vu les épines et les jeunes pousses réclamer les anciens champs, elle aurait vu les buissons prenant racines dans les rues, elle aurait entendu la voix hésitante des animaux sauvages rentrant dans leur territoire. Songeant à la lente renaissance de la fertilité et à ses éventuelles promesses, elle aurait peut-être convenu avec Kafka que : « Il y a de l'espoir, mais pas pour nous. »

Notes

1. Voir le chapitre premier et Sydney Pollard, *Idea of Progress: History and Society*, Londres, C. A. Watts, 1968.

2. Adams a estimé la population de Sumer à un demi-million, ce que Bruce Trigger accepte dans *Early Civilizations: Ancient Egypt in Context*, Le Caire, American University in Cairo Press, 1993 p. 30. C'est peut-être un chiffre prudent, mais vu la taille des villes et le fait que la plupart des gens y vivaient, il est peu probable que le total ait atteint plus du double. Les estimations concernant les Mayas au VIIIe siècle de notre ère varient largement, mais se regroupent autour des cinq millions dans les basses terres, auxquels on peut ajouter un ou deux millions dans les hautes terres du Guatemala et des Chiapas. Dans *Fall of the Ancient Maya: Solving the Mystery of the Maya Collapse*, Londres, Thames & Hudson, 2002, p. 173-174, David Webster, qui pêche généralement par prudence, cite des études géographiques avançant le chiffre de trois millions pour quelque 23 000 kilomètres carrés dans l'intérieur, ce qui ne représente qu'un dixième de tout le territoire maya. Il arrive à un total de quatre à cinq millions pour les basses terres, mais pense que cela pourrait être trop élevé. Dans *A Forest of Kings: The Untold Story of the Ancient Maya*, New York, Morrow, 1990, p. 57-59, Linda Schele et David Freidel retiennent l'estimation de un million pour le seul royaume de Tikal; les autres États, peut-être une soixantaine à la fin du VIIIe siècle, comptaient moins de 50 000 personnes chacun.

3. En dépit de la grande influence de Sumer sur les civilisations ultérieures, l'identité ethnique sumérienne a disparu. La langue ne survit que comme langue morte, révérée par les érudits babyloniens, mais sans dialectes apparentés vivants.

4. Il existe plus de vingt dialectes apparentés mais distincts de la langue maya, chacun correspondant en gros au territoire d'une ancienne cité-État. Les locuteurs autochtones du maya s'intéressent de plus en plus au décodage de textes précolombiens, et des prêtres du calendrier mayas, ou « gardiens des jours », ont gardé en vie des parties du calendrier depuis les temps anciens. Au nombre des activistes politiques mayas figure Rigoberta Menchú, récipiendaire du prix Nobel de la paix en 1992. Voir W. George Lovell, *Conquest and Survival in Colonial Guatemala : A Historical Geography of the Cuchumatán Highlands 1500-1821*, 2ᵉ édition, Montréal, McGill-Queen's University Press, 1992 ; *A Beauty That Hurts : Life and Death in Guatemala*, Austin, University of Texas Press, 2000 ; Rigoberta Menchú, *Moi, Rigoberta Menchú : une vie et une voix, la révolution au Guatemala*, propos recueillis par Elisabeth Burgos, traduit de l'espagnol par Michèle Goldstein, Paris, Gallimard, 1983 ; Barbara Tedlock, *Time and the Highland Maya*, Albuquerque, University of New Mexico Press, 1982.

5. Ronald Wright, *A Scientific Romance*, Londres, Anchor, 1997, p. 66 et 259 ; Ronald Wright, « Civilization Is A Pyramid Scheme », *Globe and Mail*, 5 août 2000.

6. Edward Gibbon, *L'Histoire de la chute et du déclin de l'empire romain*, trad. de l'anglais par M. F. Guizot, Paris, Robert Laffont, 2000.

7. Le terme « néo-Europe » attribué aux États-Unis, à l'Australie, à l'Argentine, etc., a été inventé par l'historien Alfred Crosby dans *Ecological Imperialism : The Biological Expansion of Europe 900-1900*, Cambridge, Cambridge University Press, 1986, p. 2-3. Je renvoie ici à l'expansion impérialiste des États-Unis sur son continent au XIXᵉ siècle. La mythologie nationale américaine y voit une œuvre de « pionniers » et

« d'établissement », mais la conquête et la dépossession d'un peuple indien après l'autre, y compris des États autochtones organisés comme ceux des Cherokee et des Iroquois, étaient à l'évidence impérialistes, des précurseurs dans les faits, sinon dans les termes, du *Lebensraum* allemand. L'historienne américaine Patricia Nelson Limerick écrit : « Il n'y a pas de fait plus certain dans l'histoire américaine que celui de la conquête. En Amérique du Nord, comme en Amérique du Sud, [...] les Européens ont envahi un pays pleinement occupé par les Autochtones. » (Patricia Nelson Limerick, *Something in the Soil*, New York, Norton, 2000, p. 33.)

8. On oublie souvent que la sculpture classique était à l'origine peinte de couleurs vives et ornée de vêtements, de métaux, et de cheveux, non sans ressemblance avec les images religieuses médiévales.

9. L'une des pires caractéristiques de la chèvre est qu'elle peut atteindre les branches basses des arbres et tuer ainsi même des arbres matures en rognant leur écorce. Dans *Middle East : A Physical, Social and Regional Geography*, Londres, Methuen, 1978, p. 91, W. B. Fisher écrit : « Le pâturage sans restriction, en particulier par la "dent aiguisée et empoisonnée de la chèvre" est l'une des causes fondamentales du retard de l'agriculture au Moyen-Orient. » Les moutons peuvent aussi devenir un problème, surtout lorsqu'ils sont introduits ailleurs que dans leur aire naturelle, là où les plantes indigènes peuvent se révéler incapables de résister à leur pâture.

10. J'ai vu au Pérou des champs sur des pentes si abruptes que les fermiers en tombaient parfois littéralement.

11. Voir Clive Ponting, *A Green History of the World : The Environment and the Collapse of Great Civilizations*, Londres, Sinclair-Stevenson, 1991, p. 76.

12. Cité dans *Ibid.*, p. 76-77 ; voir aussi Richard Manning « The Oil We Eat », dans *Harper's Magazine*, février 2004 ; la version française de *Critias* est celle d'Émile Chambry, extraite du site : http://ugo.bratelli.free.fr/ Platon/Platon-Critias.htm.

13. Ovide, *Amours*, traduit du latin et présenté par André Daviault et Philippe Heuzé, Paris, Payot et Rivages, 1996, Livre troisième, [section] 8.

14. La ville est celle de Salamis.

15. Joseph A. Tainter, *The Collapse of Complex Societies*, Cambridge, Cambridge University Press, 1988, p. 132.

16. John Milton, *Paradis perdu*, traduction de François-René de Chateaubriand, document électronique : http://www.acamedia.fr.

17. Trigger, *Early Civilizations*, p. 8-9.

18. La période allant de 27 avant J.-C. à 284 de notre ère est connue des historiens sous le nom de *principat ;* elle fut suivie du *dominat.* Ce n'est qu'avec Dioclétien que les empereurs devinrent officiellement des monarques, en même temps que toute une panoplie de despotes orientaux.

19. Les « bellicistes » ne voyaient pas pourquoi Rome ne pourrait pas faire encore mieux en suivant la route de la soie jusqu'à sa source, près de l'océan de l'autre côté du monde.

20. Les estimations pour Rome vont de 400 000 à 1 million d'habitants, bien qu'on ne sache pas vraiment quelle partie de la cité-État environnante est comprise dans ces chiffres. Même si la plupart des Romains vivaient dans des logements surpeuplés, la douzaine de kilomètres carrés enclos dans les murailles d'Aurèle n'ont pu abrité guère plus que quelques centaines de milliers de personnes, surtout qu'il s'y trouve de nombreux squares et édifices publics. Il est possible que le grand Rome, incluant les banlieues éloignées, les baraquements et les villas, ait approché le million à

son apogée. D'autres cités dans l'Empire romain étaient beaucoup plus petites, sauf pour Constantinople, dont la population était de 200 000 à 400 000 habitants au IVe siècle de notre ère, de même qu'Antioche en Syrie. On pense qu'à son zénith, c'est-à-dire entre le Ier et le VIIe siècle de notre ère, Teotihuacan comptait 250 000 personnes ; cette cité du Mexique en forme de quadrillage couvrait 21 kilomètres carrés. Les anciennes villes chinoises étaient bâties surtout de bois et de terre, de sorte que pas grand-chose n'a survécu permettant d'établir des estimations ; toutefois, à la fin de la période Chou (aux III[e] et IV[c] siècles avant J.-C.), la cité de G'a-to couvrait quelque 30 kilomètres carrés et a pu contenir une population de 270 000 habitants. Voir Paul Wheatley, *The Pivot of the Four Quarters : A Preliminary Inquiry into the Origins and Character of the Ancient Chinese City*, Édimbourg, Edinburgh University Press, 1971, p. 183. En Chine, l'urbanisme ne s'est développé sur une grande échelle qu'au XIe siècle de notre ère, lorsque la population de plusieurs villes atteignit plusieurs centaines de milliers.

21. Webster, *Ancient Maya*, p. 150 ; Andrew Goudie, *The Human Impact on the Natural Environment*, Oxford, Blackwell, 2000, p. 32.

22. La ville de Mexico, comportant les cités jumelles de Tenochtitlan et Tlatelolco, a été construite sur des îles artificiellement élargies dans un grand lac qui a été drainé par la suite. Elle avait des latrines publiques et employait un millier de balayeurs de rue. Les eaux usées étaient emportées en pirogue pour fertiliser les champs. Cortés a lui-même écrit que le square principal était si grand qu'une ville de 500 personnes pourrait facilement y être construite, et qu'il y avait 40 « tours » (pyramides), dont la plus haute était « plus élevée que celle de la cathédrale de Séville » (cité dans

Herman Viola et Carolyn Margolis, *Seeds of Change : A Quincentennial Commemoration*, Washington DC, Smithsonian Institution Press, 1991, p. 36-37). En 1519, la cité comptait environ un quart de million de résidants, et pas plus jusqu'à la fin du XIXe siècle. Dans *The City After the Automobile : An Architect's Vision*, Toronto, Stoddart, 1997, p. 85, Moshe Safdie note la croissance extraordinaire de Mexico, dont la population est passée de 345 000 habitants en 1900 à 21 millions dans les années 1990.

23. Voir les chapitres 2 et 3.

24. Voir la description que fait Dickens de « Coketown » dans *Les Temps difficiles*, cité à la note 39 du chapitre 5.

25. Tainter, *Complex Societies*, p. 143. Dans ce cas-ci, les pièces d'argent étaient des drachmes égyptiennes, stabilisées par le dinarius et également dévalorisées. Dans *Middle East*, p. 160, Fisher, à l'exemple de Pline, note que, à mesure que le commerce de la soie et d'autres objets de luxe orientaux augmentait entre Rome et l'Extrême-Orient, « le quart ou la moitié » de l'or et de l'argent de l'Empire s'écoulait en Asie.

26. Tainter, *Complex Societies*, p. 147. En 378, par exemple, des mineurs des Balkans s'enfuirent chez les Visigoths.

27. Dans la région de Biferno, l'impact fut « sans pareil dans l'histoire de la vallée jusqu'aux Temps modernes », dit Charles Redman, dans *Human Impact on Ancient Environments*, Tucson, University of Arizona Press, 1999, p. 116. Il en va de même pour le bassin de Vera dans le sud-est de l'Espagne : hausse abrupte de la population (et de l'érosion) suivie d'un effondrement dès 400 de notre ère. La vallée a aussi subi antérieurement un autre cycle de destruction causé par la culture intensive de l'orge à l'âge du bronze ; elle fut alors abandonnée pendant un millier d'années jusqu'aux débuts des temps romains.

28. Ponting, *A Green History*, p. 77-78.
29. Voir le poème en saxon intermédiaire « The Ruin » dans l'*Exeter Book*.
30. Si le monde de l'époque comptait 200 millions de personnes, je pense qu'il est vraisemblable que les Amériques, comme la Chine et les Indes, avaient une population de 30 à 50 millions. Les estimations que Ponting présente — seulement 5 millions pour tout le Nouveau Monde en 200 de notre ère et 14 millions en 1300 — sont beaucoup trop faibles (Ponting, *A Green History*, p. 92-93). La plupart des experts admettent maintenant que le Nouveau Monde avait un total de 80 à 100 millions de personnes en 1492, alors que le total mondial était de 350 à 400 millions.
31. Le premier horizon, dit de Chavin, est nommé d'après une cité-temple du centre des Andes appelée Chavin de Huantar. Certains experts pensent que ses ruines de pierre finement sculptée étaient un centre de pèlerinage ; d'autres sont d'avis que c'était la capitale politique.
32. Tiwanaku (ou Tiahuanaco) comptait de 30 000 à 60 000 personnes. Capitale d'un empire finalement ruiné par les sécheresses, Tiwanaku a laissé des canaux, des champs étagés et des bâtiments mégalithiques si finement ciselés qu'ils allaient impressionner les Incas mille ans plus tard. Sa relation avec Wari (Huari), cité près de la ville moderne d'Ayacucho, demeure obscure ; même si elles partageaient un style artistique et une certaine iconographie, il se peut qu'elles aient été des cités rivales. Voir Alan Kolata, *Tiwanaku and Its Hinterland : Archaeology and Paleoecology of an Andean Civilization*, Washington DC, Smithsonian Books, 1996, et Charles Stanish, *Ancient Titicaca : The Evolution of Complex Society in Southern Peru and Northern Bolivia*, Berkeley, CA, University of California Press, 2003.

33. L'homme blanc ne fut pas le premier à se rendre coupable de l'étalement urbain qui a découpé d'immenses rectangles dans le paysage américain.

34. Dans *Fall of the Ancient Maya*, p. 297, Webster note la présence du pollen de maïs à Copan en 2000 avant J.-C. D'autres cités mayas ont aussi débuté comme villages agricoles à peu près à cette époque.

35. Le glyphe ancien est inscrit sur une stèle à El Portón, dans les hauts plateaux du Guatemala. Voir Robert J. Sharer, *The Ancient Maya*, Stanford CA, Stanford University Press, 1994, p. 79.

36. Il s'agit de la plate-forme Danta à El Mirador, qui mesure 300 mètres de chaque côté sur 70 mètres de long. Une partie de son volume tient à un monticule naturel, mais on connaît d'autres édifices de taille comparable datant de cette époque. La base du complexe El Tigre est six fois plus grande que celle du plus gros temple classique à Tikal. *Ibid.*, p. 114 *sq.*

37. Dans l'Ancien Monde, les Babyloniens sont venus bien près du système de numération pondérée, mais dont le zéro semble avoir été absent. Certains experts croient maintenant que les Babyloniens tardifs ont mis au point un véritable zéro, environ 300 ans avant J.-C. lorsque Alexandre installa la dynastie séleucide. Si cela s'avère, le zéro hindou aurait pu provenir de Babylonie. Il est admis depuis longtemps que le système moderne dit « arabe » est d'abord apparu dans le nord de l'Inde au VIe siècle de notre ère et s'est répandu à Bagdad au VIIIe siècle. Les mathématiciens européens ont commencé à distinguer les avantages du système au XIIe siècle, mais son adoption complète a pris des siècles de plus. Les Olmèques et les Mayas ont probablement perfectionné leur système au VIe siècle avant J.-C., plus de mille ans avant les Hindous (et deux ou trois siècles avec la Babylone séleucide). Curieusement, bien que le système maya soit vigésimal (basé sur vingt), les

langues mayas impliquent qu'il existait un compte décimal; le mot indiquant le nombre « treize » (*oxlahun*) est formé des mots indiquant le nombre « trois » (*ox*) et le nombre « dix » (*lahun*), comme c'est le cas en anglais et dans la plupart des langues. Les Incas d'Amérique du Sud possédaient aussi le zéro, dans un système décimal, mais la date de son origine est inconnue. Certains chercheurs qui croient au contact transpacifique suggèrent que l'arithmétique asiatique a pu être influencée par les Amériques, théorie controversée, mais pas impossible, étant donné en particulier l'extrême rareté de l'invention du zéro.

38. L'écriture égyptienne est plutôt différente de celle des Sumériens, mais la notion même de l'écriture a pu dériver de Sumer. Il en va peut-être de même pour l'écriture de la vallée de l'Indus, qui n'a toujours pas été décodée. Le syllabique cherokee inventé par les Sequoyah au début du XIXe siècle est un cas intéressant et bien documenté d'écriture stimulée par une autre, mais non copiée. Pour l'histoire du décodage de l'écriture maya, voir Michael D. Coe, *Breaking the Maya Code*, Londres, Thames and Hudson, 1992.

39. Dans *Early Civilizations*, p. 8 *sq.*, Trigger note que les civilisations qui ont elles-mêmes inventé un système entier d'écriture l'ont fait au début de leur carrière.

40. Pour un bon résumé de l'astronomie maya, voir Sharer, *Ancient Maya*. Et pour une description du fonctionnement du calendrier et d'exemples de computations lointaines, voir Ronald Wright, *Time Among the Maya*, Londres, Bodley Head, 1989. Eric Thompson, *Maya Hieroglyphic Writing*, Norman, University of Oklahoma Press, 1971 et David H. Kelley, *Deciphering the Maya Script*, Austin, University of Texas, 1976, figurent toujours parmi les meilleures ressources au sujet du calendrier, bien que leurs travaux sur l'écriture soient maintenant dépassés.

41. Sharer, *Ancient Maya*, p. 471.

42. Voir *Ibid.*, p. 467-476. Contrairement à celles du Mexique, la plupart des cités mayas n'étaient pas configurées en quadrillage ; la partie urbaine disparaissait graduellement dans la campagne environnante. Les « limites » de Tikal sont fixées par des ouvrages de terrassement et des bassins qui entourent l'établissement central d'environ 120 kilomètres carrés. Certains spécialistes des Mayas soutiennent qu'il y avait un système de nombreuses cités-États théoriquement indépendantes, encore que réparties dans une hiérarchie du pouvoir plutôt semblable à celles des États-nations modernes. D'autres croient que certaines des plus grandes cités ont établi des empires à la vie éphémère, comme Athènes l'a fait en Grèce.

43. Voir *Ibid.*, p. 471, et T. Patrick Culbert et Don S. Rice, dir., *Precolumbian Population History in the Maya Lowlands*, Albuquerque, University of New Mexico Press, 1990. Voir aussi Webster, *Fall of the Ancient Maya*, p. 173-174 pour un résumé de la question démographique. Je pense toutefois qu'il sous-estime l'étendue de l'agriculture intensive, et sa description des cités mayas comme de simples « centres de la royauté » semble redonner vie au modèle du centre cérémonial depuis longtemps mis en doute. Par ailleurs, son livre donne le meilleur et le plus récent des résumés dont on puisse disposer sur l'effondrement des Mayas.

44. Les Aztèques, qui exploitaient un système semblable dans les lacs peu profonds entourant Mexico, faisaient jusqu'à quatre récoltes par année. En pays montagneux, les Mayas aménageaient parfois des terrasses pour retenir le sol, mais pas à l'échelle de l'Asie ou des Andes. Les résidants de la cité de Tiwanaku, haut perchée dans les Andes boliviennes, ont aussi aménagé

des champs surélevés autour du lac Titicaca, encore qu'ils n'aient pu y cultiver que la pomme de terre et d'autres cultures de haute altitude, notamment l'olluco et le quinoa. Dans leur cas, les canaux agissaient comme bassins de chaleur pour prévenir les gels ; leur réaménagement dans certaines régions a entraîné de fortes augmentations du rendement. Dans *Early Civilizations*, Trigger décrit des modes anciens de production alimentaire, notamment ceux des Aztèques.

45. L'ouvrage de Huxley sur l'archéologie maya, *Beyond the Mexique Bay*, est excentrique et maintenant obsolète, mais demeure un livre intéressant sur la région dans les années 1930.

46. Des répliques impressionnantes des édifices mayas ont été exposées à l'exposition mondiale de Chicago en 1893. Pour un examen fascinant de l'influence précolombienne sur l'art et l'architecture modernes, voir Barbara Braun, *Pre-Columbian Art and the Post-Columbian World : Ancient American Sources of Modern Art*, New York, Abrams, 1993.

47. Ces édifices sont tous apparus dans les 115 années séparant la victoire de Tikal sur son adversaire acharné, Calakmul, en 695, et l'achèvement du temple III en 810 ou avant cette date. Voir Webster, *Fall of the Ancient Maya*, chap. 8. Ils semblent avoir été tous conçus comme des tombeaux royaux, une appropriation souveraine de l'espace public, chose nouvelle en Méso-Amérique, puisque auparavant, les rois et les nobles avaient été inhumés dans les temples-pyramides déjà existants. La crypte la plus impressionnante est la tombe de Pascal à Palenque, découverte avec son entourage, dont les membres massacrés jonchent les corridors et les escaliers.

48. Ou quelque temps entre 790 et 792. Ces dates ont été mal préservées.

49. Sauf pour un vacillement chimérique en 869.

50. Certains experts contestent toujours la relation entre notre calendrier et celui du compte long, mais la plupart acceptent la corrélation de Goodman-Martinez-Thompson dans l'une des deux versions qui ne varient que de deux jours. Bien que les Mayas de l'époque postclassique aient abandonné le compte long, ils s'en sont souvenus et ont continué d'utiliser le calendrier dit de l'année vague jusqu'à la conquête espagnole. À ce jour, des prêtres du calendrier ont conservé des parties de ce système au Guatemala. Récemment, ils ont eux-mêmes remis le compte long en usage et ils impriment des almanachs.

51. Webster, *Fall of the Ancient Maya*, p. 273-274.

52. *Ibid.*, p. 312.

53. *Ibid.*, p. 317.

54. *Ibid.*, p. 309.

55. Si la sécheresse avait été la cause principale, on croirait que le Yucatán, au mieux toujours aride, eût le plus souffert. Les pluies moyennes à Mérida atteignent 94 centimètres, soit environ la moitié de la moyenne à Tikal (*Ibid.*, p. 244). Il n'y a ni rivière ni lac dans presque tout le Yucatán, mais seulement des eaux souterraines dans les cénotes (du mot maya *dzonot*) naturels et les citernes artificielles. L'eau de pluie a toujours été une forte source d'angoisse ; nombre des anciens édifices du Yucatán sont couverts des faces sculptées de Chac, dieu de l'eau et de la pluie. Mais la chute des Mayas s'est fait sentir le plus durement dans l'intérieur, soit dans la jungle Peten. Au nord, dans le Yucatán, et au sud, dans les hauts plateaux, la civilisation a continué de bâtir des villes et de transcrire son savoir ancien bien après la conquête espagnole. Certains Mayas du Yucatán pouvaient encore lire et écrire l'écriture ancienne au début du VIIIe siècle. Il est aussi vrai que quelques villes mayas ont survécu dans la jungle, notamment Tayasal, sur le lac Peten Itza, et

Lamanai et Tipu, au Belize, mais c'étaient de modestes établissements. Je doute que, à l'arrivée des Espagnols, la population de la jungle se soit chiffrée même au dixième des niveaux atteints pendant la période classique. Par la suite, les maladies importées d'Europe et d'Afrique empêchèrent tout rétablissement de la population jusqu'à l'ère victorienne. Toutefois, jusqu'à la conquête de Tayasal, en 1697, la population gonflait de temps en temps grâce à l'apport des réfugiés de territoire espagnol.

56. La civilisation maya semble avoir vacillé deux fois auparavant : à la fin de la période préclassique (environ 200 de notre ère) et de nouveau au milieu de la période classique (au VIe siècle). Une grave sécheresse aurait pu être un facteur de guerre et de perturbations, mais pas la cause d'un effondrement général.

57. Au milieu du XIVe siècle, la peste a soulagé la pression écologique en Europe, tandis que la pénurie de main-d'œuvre entraînait l'innovation et la mobilité sociale. Le rétablissement des Mayas a été interrompu par la variole et d'autres maladies apportées par les Espagnols.

58. Gravement érodée à l'époque romaine, la vallée de Biferno ne montre pas d'autres périodes d'exploitation et d'érosion intense jusqu'au XVe siècle (Redman, *Human Impact*, p. 116). Des études de pollen dans la cité maya de Copan montrent que la forêt a commencé à s'y rétablir vers 1250 de notre ère ; dans *Fall of the Ancient Maya*, p. 312-314, Webster décrit la stratigraphie moderne des champs de maïs parmi les ruines. Le renouveau agricole dans cette région et dans la jungle est récent dans l'ensemble ; des explorateurs tels que John L. Stephens et Frederick Catherwood n'en ont vu que très peu au milieu du XIXe siècle. Comme je l'ai déjà signalé, l'Afrique du Nord ne s'est jamais remise des conséquences de l'Empire romain et est maintenant en grande partie désertique.

59. Les collines avaient été boisées pendant une période après la fin de l'âge glaciaire, mais étaient déjà surtout désertiques lorsque commença la civilisation égyptienne.

60. En 3000 ans, les seules innovations d'envergure furent l'introduction de l'irrigation *shadduf* (à la perche et au seau) environ en 1300 avant J.-C. et de la *sagiya* (la roue à aubes) environ en 300 avant J.-C. Les outils de pierre, notamment les faucilles et couteaux en silex, étaient encore très répandus à l'époque du royaume moyen.

61. L'écologie de l'Égypte s'est beaucoup modifiée depuis la construction du grand barrage d'Assouan dans les années 1950. Comme le gros du limon n'atteint plus les champs, il a été remplacé par le fumier et les fertilisants chimiques ; la salinisation et l'engorgement deviennent des problèmes graves. J. A. Wilson, dans « Egypt through the New Kingdom : Civilization without Cities » dans C.H. Kraeling et Robert McCormick Adams, dir., *City Invincible*, Chicago, University of Chicago Press, 1960, a appelé l'Égypte la « civilisation sans cités » parce que la plupart de son peuple vit dans de petits villages en terrains secs derrière les champs longeant le fleuve.

62. À partir de 3000 avant J.-C. jusqu'à 1500 de notre ère, le taux moyen de croissance démographique mondiale était de 0,1 pour cent (Ponting, *A Green History*, p. 89-90), la population doublant environ tous les 800 ans. On pense que l'ancien royaume d'Égypte comptait de 1,2 à 2 millions de personnes ; le royaume moyen, entre 2 et 3 millions. Il y a probablement eu une pointe de 6 ou 7 millions au début de l'époque ptolémaïque, mais ce chiffre avait déjà quelque peu chuté à l'époque romaine. Aussi récemment qu'en 1882, le total n'était encore que de 6,7 millions, n'affichant aucun gain dans l'ensemble depuis les pharaons (Alfred Crosby,

The Columbian Exchange: Biological and Cultural Consequences of 1492, Westport, CN, Greenwood Press, 1972, p. 190). En 1964, il était passé à 28,9 millions ; Crosby attribue une bonne partie de cette hausse à l'introduction du maïs. Depuis 1964, la population a de nouveau doublé, mais les Égyptiens consomment maintenant du blé importé et donnent leur maïs au bétail (voir Timothy Mitchell, « The Object of Development : America's Egypt », dans Jonathan Crush, dir., *The Power of Development*, Londres, Routledge, 1995).

63. L'étude de momies égyptiennes montre que même les classes supérieures étaient en mauvaise santé. Les infections parasitiques se répandaient dans les lieux surpeuplés et l'eau était fréquemment insalubre ; par ailleurs, les classes inférieures lourdement exploitées étaient aussi mal nourries.

64. La principale culture était le millet, jusqu'à ce que le blé apparaisse vers 1300 avant J.-C. Il a fallu 600 ans avant que le blé gagne la Chine après qu'il fut domestiqué à l'autre bout du continent ; pas exactement rapide comme transition technologique dans l'Ancien Monde, contrairement à ce que soutient Jared Diamond (*Guns, Germs, and Steel : The Fates of Human Societies*, New York, W.W. Norton, 1997).

65. Le principal article de commerce était la soie, qui circulait indirectement de la Chine à Rome le long de la route de la soie. Chaque empire n'avait qu'une vague idée de l'existence de l'autre.

66. Les registres chinois montrent une famine presque tous les ans dans au moins une province à partir de 108 avant J.-C. jusqu'en 1910 (Ponting, *A Green History*, p. 105).

Chapitre 5

La rébellion des ustensiles

J'AI UN FAIBLE POUR LES GRAFFITIS CYNIQUES. En voici un qui s'applique aux périls du progrès : « Chaque fois que l'histoire se répète, le prix augmente. » L'effondrement de la première civilisation sur terre, celle de Sumer, n'a affecté qu'un demi-million de personnes. La chute de Rome a touché des dizaines de millions. Si la nôtre devait échouer, cela serait catastrophique pour des milliards de personnes, bien entendu.

Jusqu'ici nous avons examiné quatre sociétés anciennes — Sumer, Rome, les Mayas et l'île de Pâques — qui en plus ou moins mille ans ont épuisé les bienfaits de la nature et se sont écroulées. J'ai aussi mentionné deux exceptions, l'Égypte et la Chine, qui, elles, ont remporté une course de plus de 3000 ans.

Dans son ouvrage sur l'effondrement de sociétés passées, Joseph Tainter a donné un sobriquet à trois sortes d'ennuis : le train emballé, le dinosaure et le château de cartes. Ils surviennent habituellement de concert[1]. À Sumer, l'irrigation était certainement un train emballé sur une trajectoire désastreuse dont personne ne pouvait dévier ; parce qu'ils n'ont pas réussi à s'attaquer aux problèmes, les dirigeants méritent l'épithète de dinosaures, et la chute rapide et irréparable de la civilisation montre qu'elle n'était pas plus solide qu'un château de cartes.

On peut en dire à peu près autant des autres échecs. Nous faisons face à quelque chose de plus profond que des erreurs commises à un moment ou dans un lieu donné. L'invention de l'agriculture est en soi un train emballé, menant à l'accroissement sans bornes des populations, mais réussissant rarement à résoudre le problème de la faim à cause de deux conséquences inévitables ou quasi inévitables. La première est biologique : la population augmente jusqu'à ce qu'elle atteigne la limite de l'approvisionnement alimentaire. La seconde est sociale : toutes les civilisations deviennent hiérarchiques, et la concentration de la richesse vers le haut fait en sorte qu'il n'y en a jamais assez pour tout le monde. L'économiste Thomas Malthus a exploré le premier dilemme, tandis que nombre de penseurs, du Christ jusqu'à Marx, ont abordé le second. Comme le dit le proverbe chinois : « Un paysan doit se tenir longtemps la bouche ouverte sur la colline avant qu'un canard lui tombe tout rôti dans le bec. »

La civilisation est une expérience, un mode de vie très récent dans l'histoire de l'humanité, et elle a l'habitude de se prendre à ce que j'appelle les pièges du progrès. Un petit village sur de bonnes terres en bordure d'un fleuve, c'est une bonne idée ; mais quand le village devient une ville et recouvre les bonnes terres de pavés, c'est une mauvaise idée. Là où la prévention aurait pu être facile, le remède peut s'avérer impossible : on ne déplace pas facilement une cité. Cette inaptitude sinon à prévoir du moins à surveiller les conséquences à long terme est peut-être inhérente au genre humain, le fruit de millions d'années passées à vivre au jour le jour du produit de la chasse et de la cueillette. Cela n'est peut-être aussi rien de plus qu'un mélange d'inertie, de cupidité et de sottise que favorise la forme de la pyramide sociale. Étant donné la concentration du pouvoir au sommet des sociétés de grande envergure, l'élite a un intérêt personnel à préserver le *statu quo*, car elle continue de prospérer dans les temps difficiles, longtemps après que l'environnement et le peuple aient commencé à souffrir.

Bien que la terre soit jonchée des épaves de civilisations passées, l'expérience globale de la civilisation a néanmoins continué à prendre de l'ampleur. Les chiffres (dans la mesure où on peut les estimer) se ventilent comme suit : la population mondiale est d'environ 200 millions à l'apogée de Rome, au IIe siècle de notre ère ; elle se chiffre à quelque 400 millions en 1500, lorsque l'Europe atteint les Amériques[2] ; on l'estime à un milliard en 1825, alors que débute l'âge du charbon, et à deux milliards en 1925, quand commence l'âge du pétrole ; en l'an 2000, elle atteint six milliards. L'accélération est encore plus stupéfiante que la croissance comme telle. Après Rome, il a fallu treize siècles pour ajouter 200 millions au compte global ; il n'a fallu que trois ans pour y ajouter les derniers 200 millions[3].

Nous avons tendance à considérer notre âge comme exceptionnel, et il l'est en effet. C'est l'esprit de clocher, le fait de garder les yeux fixés sur la balle plutôt que sur le match, qui est dangereux. Absorbés dans l'ici et le maintenant, nous perdons de vue notre itinéraire dans le temps et oublions de nous poser la dernière des questions de Paul Gauguin : *Où allons-nous ?* Puisque tant d'âges précédents se sont butés aux limites naturelles, comment se fait-il que notre train emballé (en supposant que c'est bien cela) a pu continuer à prendre de la vitesse ?

J'ai suggéré auparavant que les civilisations de Chine et d'Égypte ont connu une vie exceptionnellement

longue parce que la nature les avait généreusement
pourvues de couches de terre arable, que le vent et l'eau
avaient transportées d'ailleurs. Il faut tout de même
saluer l'ingéniosité humaine. Le nombre de bouches
qu'un acre de terre peut nourrir, et le nombre d'années
qu'il peut continuer à le faire, ne dépend pas uniquement de la fertilité naturelle. Au fur et à mesure, la
civilisation a effectivement perfectionné ses méthodes
agricoles. Dans le loam abondant de l'Europe du Nord,
l'agriculture mixte faisant usage du fumier animal et
humain sur les terres labourées s'est depuis longtemps
révélée durable. La rotation des cultures et l'emploi
d'engrais « vert » (plantes fixatrices d'azote labourées
dans le sol) ont considérablement relevé les rendements au début des Temps modernes. Le développement de la culture du riz en Asie a été hautement
productif, et le nivelage précis des rizières a favorisé
l'usage durable du sol des collines. La civilisation islamique d'Espagne a non seulement transmis la connaissance des Classiques à l'Europe du haut Moyen Âge, elle
a aussi réparé le paysage érodé que Rome avait laissé
derrière en aménageant des oliveraies en terrasses et
des projets d'irrigation complexes. Dans les Andes, les
Incas et les pré-Incas ont développé une agriculture de
montagne efficace sur des terrasses empierrées, arro-
sées par des cours d'eau glaciaires et fertilisées avec le
guano d'anciennes colonies d'oiseaux de mer extrait des
îles arides du littoral. Des études de terrassement
andéen exploité depuis 1500 ans n'ont montré aucune
perte de fertilité[4].

La régularité de telles améliorations dans les
méthodes agricoles peut expliquer une augmentation
régulière de la population, mais pas le grand boom
démographique des quelques derniers siècles. La
mécanisation et l'assainissement peuvent expliquer les

dernières étapes du boom, mais pas ses débuts, qui précèdent la machinerie agricole et la santé publique. Le point de départ fut environ un siècle après Colomb, alors qu'on commençait à digérer les fruits étranges de la conquête espagnole. L'Europe a reçu le plus grand de tous les cadeaux lorsque la moitié d'une planète, pleinement développée mais presque sans protection, lui est soudainement tombée entre les mains.

Si l'Amérique avait été un milieu sauvage, les envahisseurs n'en auraient pas tiré grand-chose pendant bien longtemps. Il leur aurait fallu défricher chaque champ de la forêt, importer et adapter chaque culture, découvrir chaque mine et découper chaque route dans des déserts et des étendues dénués de tout sentier. Mais ce monde inconnu avait déjà connu sa propre révolution néolithique, et avait bâti sur une base agricole une série de civilisations d'une grande richesse.

Les trois Amériques formaient un monde complexe fort semblable à l'Asie, fourmillant de gens (de 80 à 100 millions), soit le cinquième ou le quart de la race humaine. Les plus grandes puissances en 1500 étaient l'Empire aztèque, un système de cités-États dominé par la conurbation connue du nom de Mexico, et l'Empire inca, ou Tawantinsuyu[5], qui s'étendait sur près de cinq mille kilomètres le long de l'échine des Andes et de la côte du Pacifique. Chacun d'eux comptait environ 20 millions de personnes, c'est-à-dire à mi-chemin dans l'échelle entre l'Égypte et la Rome anciennes[6]. Avec un quart de million de citoyens, la capitale aztèque était alors la plus grande cité des Amériques et l'une des six plus grandes cités au monde. L'Empire inca était moins urbain mais étroitement organisé, comptant 22 500 kilomètres de routes pavées, une économie dirigée et de vastes projets de terrassement et d'irrigation construits par une main-d'œuvre à revenu imposé plutôt que par des esclaves. Même s'il était loin d'être le paradis des travailleurs, il en prit bientôt l'aspect aux yeux de ceux qui survécurent au régime espagnol[7]. Tous les deux jeunes et héritiers de leur prédécesseur, ces empires auraient pu vivre encore pendant des siècles si les étrangers n'étaient pas venus[8], mais comme des vergers pleins de fruits mûrs, ils attendaient les intrus.

Les historiens de l'environnement Alfred Crosby et William McNeill ont montré dans les années 1970 que les vrais conquérants du Nouveau Monde furent les germes, ces tueurs que sont la variole, la peste bubonique, la grippe et la rougeole. Ils sont venus pour la première fois avec les Européens (qui y étaient résistants) et ont agi comme des armes biologiques, abattant dès la première vague les chefs d'État et au moins la moitié de la population du Mexique et du Pérou[9]. « Les triomphes miraculeux des conquistadores, écrit Crosby, sont en grande partie les triomphes du virus [de la variole][10]. » En dépit de leurs armes et de leurs chevaux, les Espagnols n'ont pas remporté de conquêtes majeures dans l'intérieur jusqu'à ce que la pandémie de variole ait balayé le pays. Avant cela, les Mayas, les Aztèques, les Incas et les Floridiens ont repoussé les premiers efforts des envahisseurs[11].

Il y a quelques années, le Pentagone a concocté une arme à la Dr Strangelove (Dr Folamour) qu'on a appelée la bombe à neutrons ; elle devait être relâchée bien haut au-dessus des villes russes de sorte qu'une flambée explosive de radiations puisse tuer les gens mais laisser la propriété indemne[12]. L'arme des pandémies, que possédaient les envahisseurs européens, a eu exactement le même effet en Amérique. N'allez pas croire que le Nouveau Monde est tombé sans se battre : les batailles pour Mexico et Cuzco figurent au nombre des combats les plus acharnés de l'histoire[13]. Mais une fois que le voile épidémiologique fut déchiré, la population déclina au point de ne pouvoir défendre ce que ses ancêtres avaient bâti en 10 000 ans. « Ils mouraient en masse, comme des punaises », écrit un moine à Mexico[14].

Sauf dans la grande prairie et dans ses régions froides, même l'Amérique du Nord n'était pas sauvage en 1500. Hollywood a bien tenté de nous persuader que l'Indien « typique » était un chasseur de buffles, mais toutes les zones tempérées des États-Unis (le sud-ouest, le sud-est et, au nord, jusqu'au Missouri et aux Grands Lacs) étaient densément occupées par des peuples agricoles. Lorsque les Pères pèlerins arrivèrent au Massachusetts, les Indiens avaient péri depuis si peu de temps que les Blancs y trouvèrent des cabanes vides, du blé d'hiver et des champs défrichés, fin prêts pour leur usage, un avant-goût de ce qu'allait être le progrès des colons parasitaires d'un bout à l'autre du continent. « Les Européens n'ont pas trouvé ici un milieu sauvage, écrit l'historien américain Francis Jennings, ils en ont créé un[15]. »

Pour les Espagnols, la maladie fut une meilleure arme que la bombe à neutrons, car juste assez d'Amérindiens y ont survécu pour aller travailler dans les mines[16]. Les trésors des Aztèques et des Incas n'étaient qu'une mise de fond sur tout l'or et l'argent qui allaient traverser l'Atlantique pendant des siècles[17]. Karl Marx fut l'un des premiers économistes à constater que, financièrement, la Révolution industrielle avait débuté avec l'or d'Atahualpa. « Une condition des plus indispensables pour la formation de l'industrie manufacturière, dit-il en 1847, était l'accumulation des capitaux, facilitée par la découverte de l'Amérique et l'introduction de ses métaux précieux[18]. » Les banquiers génois et allemands qui garantissaient l'Empire espagnol étaient inondés d'or en lingots dont ils ne savaient que faire. Une bonne partie s'est retrouvée en Europe du Nord pour financer la construction navale, les fonderies de canons et d'autres entreprises impériales. Une autre partie importante a servi à financer les guerres européennes, et on sait que les guerres entre pairs suscitent l'innovation. D'une manière que Mao Tsé-toung n'a jamais envisagée, le pouvoir allait en effet sortir de la bouche des canons : du « tuyau nauséabond » [de Kipling] surgit aussi le piston des machines à vapeur et à essence.

L'or et l'argent ne formaient qu'un côté du triangle transatlantique fournissant butin, terres et main-d'œuvre. À long terme, les acres abandonnées du Nouveau Monde, et par-dessus tout ses cultures, allaient constituer un bien beaucoup plus précieux que le métal. Au repas de l'Action de grâce, les Américains dévots remercient leur Dieu pour les avoir nourris dans un « milieu sauvage ». Puis, ils dévorent un énorme repas composé de dinde, de maïs, de haricots, de courges, de citrouilles et de pommes de terre. Tous ces aliments ont été mis au point au cours de milliers d'années par les civilisations du Nouveau Monde. Il est tout aussi difficile d'imaginer le curry sans piment, les sauces italiennes sans tomates, les Suisses et les Belges sans chocolat, les Hawaïens sans ananas, les Africains sans manioc, et les Britanniques avec du poisson mais pas de frites.

Sans compter leur effet sur le régime alimentaire, les nouvelles cultures ont apporté une augmentation spectaculaire du rendement, aussi bien en Afrique qu'en Asie et qu'en Europe. Le maïs et la pomme de terre sont presque deux fois plus productifs que le blé et l'orge, n'ayant besoin que de la moitié de la terre et de la main-d'œuvre pour produire la même quantité de nourriture[19]. Les populations ont augmenté et beaucoup de gens ont quitté la ferme, générant un surplus de main-d'œuvre de l'Angleterre à la Côte d'Or[20]. Dans le Nord, ces gens ont abouti dans les moulins et les usines, tandis qu'en Afrique, ils devenaient monnaie d'échange pour des biens de consommation, notamment des armes[21].

Les Européens ont expédié des Africains au-delà de l'Atlantique pour remplacer les autochtones américains qui cultivaient le sucre, le coton et le café destinés aux cités européennes[22]. Par la suite, l'Europe entreprit d'exporter son surplus de population pour remplir les prairies et les pampas, lesquelles s'avéraient idéales pour la culture du blé et de l'orge. Avec l'avènement de la machinerie agricole, la culture des céréales de l'Ancien Monde exigea moins de main-d'œuvre. En outre, la redécouverte et l'usage du guano dans le monde entier — autre don de l'agriculture inca — ont fait monté en flèche les rendements des cultures[23]. Lorsque les dépôts de guano et d'autres fertilisants naturels furent épuisés, l'agriculture commerciale est devenue presque entièrement dépendante des fertilisants chimiques à base de gaz et de pétrole. L'énergie fossile non seulement éclaire, mais nourrit le monde moderne. Nous consommons littéralement le pétrole[24].

En 1991, William McNeill concluait : « Le mouvement moderne de population à la hausse, soutenu en grande partie par de nouvelles cultures, continue sur sa lancée, avec des résultats écologiques imprévisibles mais radicaux[25]. » Dans les treize ans qui ont suivi, plus d'un milliard de personnes sont apparues sur terre — l'équivalent de ce qu'était la population globale au début de la mécanisation en 1825. Si la civilisation industrielle devait échouer, le nombre de personnes qui pourraient se nourrir indéfiniment à la force du poignet est à peu près d'un milliard.

Nous ne saurons jamais si la Révolution industrielle serait survenue, ni où ni quand cela se serait produit si l'Amérique n'avait pas existé. On imagine qu'elle aurait eu lieu, mais plus tard et plus graduellement, d'une manière différente. Elle aurait pu commencé en Chine plutôt qu'en Europe, ou dans les deux endroits[26]. Cela demeure dans le domaine des suppositions historiques. Tout ce que nous pouvons dire, c'est que les choses auraient évolué plus lentement et très différemment. Le monde que nous avons aujourd'hui est un don du Nouveau Monde.

Le Nouveau Monde d'alors était véritablement un Eldorado. C'était aussi l'Utopie. L'ouvrage de ce nom, que Sir Thomas Moore a publié en 1516, a d'ailleurs été influencé par les premiers récits sur les sociétés amazoniennes. Un siècle plus tard, l'écrivain à succès Garcilaso de la Vega, qui était à demi inca, présentait l'empire déchu de sa mère comme un idéal politique[27]. En Amérique du Nord, l'influence était plus directe, question d'exemple quotidien. À ses débuts, la culture dite « de la Frontière » était hybride, un endroit où les Indiens cultivaient des vergers et où les Blancs apprenaient à scalper. Les peuples autochtones étaient politiquement autonomes, pratiquaient l'égalité sociale, le libre débat en conseil et la règle du consensus. C'est contre eux que les colons ont combattu, puis c'est avec eux qu'ils ont commercé et qu'ils se sont croisés par mariage. « Toute leur constitution respire la liberté », écrit James Adair en 1775 à propos des Cherokee. Benjamin Franklin avait déjà fait des observations similaires au sujet de la Confédération iroquoise, pressant les Treize colonies de la prendre en exemple[28]. Les Blancs étaient particulièrement impressionnés par la manière dont les dissidents quittaient simplement le reste de leur nation pour former un groupe indépendant. Pleins de ressentiment envers leur lointaine couronne, les colons voyaient, étalés devant eux, la liberté, la démocratie et le droit de sécession.

Le fait que ces démocraties autochtones étaient en grande partie un développement post-colombien était et demeure méconnu ; elles se sont épanouies dans les espaces libérés par suite de la grande mort des années 1500. La plupart des « tribus » agricoles de l'est étaient les vestiges de chefferies autrefois puissantes. Si les Anglais étaient arrivés en Amérique avant l'effondrement démographique, ils y auraient trouvé une structure sociale plus familière : les seigneurs vivaient dans des demeures grandioses au sommet de pyramides de terres hautes d'une trentaine de mètres ; ils étaient transportés sur des litières et enterrés avec leurs esclaves et leurs concubines[29]. Ayant renversé ces sociétés en même temps que les empires aztèque et inca, le virus de la variole a donc joué un rôle de précurseur dans la Révolution américaine. Si la plupart des soulèvements sont suscités par le besoin, les rebelles américains, eux, se sont inspirés de l'abondance — celle des terres indiennes et des idéaux indiens. Les concitoyens de Franklin devinrent effectivement « des sauvages blancs », comme il les a appelés.

À son tour, la Révolution américaine a influencé la Révolution française, qui a connu sa propre sauvagerie blanche dans la Terreur. Tout au long du siècle suivant, des gouvernements décidés à éviter le même sort ont commencé à accorder le droit de vote. Une certaine mesure de participation a filtré à contrecœur le long de la pyramide sociale, tandis que la nouvelle économie industrielle nourrissait une classe moyenne grandissante[30].

Nous, qui vivons dans les pays chanceux de l'Occident, considérons notre bulle de liberté et d'affluence qui dure depuis deux siècles comme normale et inévitable ;

on l'a même appelée la « fin » de l'histoire, tant au sens temporel qu'au sens théologique[31]. Mais pourtant, ce nouvel ordre est une anomalie, l'opposé de ce qui se produit habituellement lorsque croissent les civilisations. Notre ère a été financée par la saisie de la moitié de la planète, elle a été prolongée par la prise du pouvoir dans presque toute l'autre moitié et elle a été maintenue aux frais des nouvelles formes de capital naturel, en particulier les combustibles fossiles. Avec le Nouveau Monde, l'Occident est tombé sur la plus grosse aubaine de tous les temps. Et il n'y en aura pas d'autre comme elle — pas à moins que nous trouvions les Martiens civilisés de H. G. Wells, venant avec la vulnérabilité à nos germes qui les détruit dans *La Guerre des mondes*[32].

L'expérience de la civilisation a longtemps eu ses sceptiques, même à l'époque où le changement se déroulait trop lentement pour que la plupart des gens le remarquent. Les histoires d'Icare, de Prométhée et de Pandore illustrent les risques d'un surplus de débrouillardise, un thème qu'on retrouve aussi dans la Genèse[33]. Le récit ancien le plus perspicace dans le genre, en particulier parce qu'il provient d'une civilisation qui a subi l'effondrement, est sans doute celui de la « Rébellion des ustensiles » dans l'épopée maya, le Popol Vuh[34], où les êtres humains sont renversés par leurs outils et leurs ustensiles de cuisine :

> Toutes ces choses se sont manifestées […]. « C'est à nous de vous faire du mal », ont dit leurs […] pierres à moudre. « Nous allons nous mettre à vous moudre […] à réduire votre chair en bouillie » […]. Puis ont parlé les comals et les chaudrons : […] « Vous nous avez fait souffrir […]. Nous étions toujours sur le feu ; vous nous brûliez. Comment n'aurions-nous pas souffert ? Maintenant nous allons vous brûler », ont dit les chaudrons en se rebellant[35].

Comme le faisait remarquer l'écrivain cubain Alejo Carpentier, c'est là le premier avertissement explicite concernant la menace de la machine.

De tels avertissements sont devenus chose commune au XIXᵉ siècle alors que pour la première fois, des changements sociaux et techniques déchirants se faisaient sentir au cours d'une seule vie. En 1800, les cités étaient petites, tandis que l'air et l'eau étaient relativement propres, c'est-à-dire que vous pouviez attraper le choléra plutôt que le cancer. Rien ne bougeait plus vite que ce que pouvaient propulser le vent ou les membres du corps humain. Le bruit de la machinerie était presque inconnu. Mais un siècle plus tard, en 1900, il y avait des automobiles dans les rues et des trains électriques en dessous, les films scintillaient sur les écrans, l'âge de la terre était estimé en millions d'années et Albert Einstein allait bientôt écrire sa *Théorie de la relativité restreinte et générale*.

Au début du XIXᵉ siècle, Mary Shelley méditait sur la nouvelle science dans *Frankenstein*. Et Charles Dickens faisait une critique virulente et presciente du coût social de l'industrie dans *Les Temps difficiles*, se demandant si « le bon Samaritain était un mauvais économiste » et pressentant la nouvelle religion du bénéfice net : « Chaque pouce de l'existence de l'être humain, de la naissance à la mort, écrivait-il en 1854, devait être une affaire conclue au-dessus d'un comptoir[36]. »

Dans son roman de 1872 intitulé *Erewhon* (anagramme de *nowhere*, qui signifie « nulle part »), Samuel Butler a créé une civilisation distante qui s'est industrialisée bien avant l'Europe, mais où les effets du progrès ont suscité une révolution luddite. Le grand danger, écrit un radical d'Erewhon, n'est pas tant les machines existantes que la vitesse à laquelle elles évoluent : si on ne les arrête pas à temps, elles peuvent développer un langage, se reproduire et subjuguer la race humaine. Butler parodiait le darwinisme, mais les angoisses provoquées par les monstres haletants de l'ère de la vapeur étaient bien réelles. Des années avant qu'il devienne premier ministre, Benjamin Disraeli a anticipé les craintes de *Erewhon* dans son roman *Coningsby* : « Le mystère des mystères, écrivait-il, est de voir des machines fabriquant des machines, un spectacle qui remplit l'esprit de spéculations curieuses, voire affreuses[37]. »

Tandis que l'époque victorienne se déroulait à toute vitesse, de nombreux écrivains se mirent à se demander : « Où allons-nous ? » Si tant de choses arrivaient si rapidement pendant leur siècle, qu'allait-il bien pouvoir arriver dans le siècle suivant ?

Butler, Wells, William Morris, Richard Jeffries, pour ne nommer que ceux-là, ont mêlé le fantastique à la satire et à l'allégorie pour créer le genre qu'on appelle le roman scientifique.

Dans *La Machine à explorer le temps*, écrit en 1895, Wells envoie l'Explorateur du Temps dans un futur distant où la race humaine est divisée en deux espèces, les Eloïs et les Morlocks. Les Eloïs sont une classe supérieure sybarite qui vit stupidement de l'industrie des Morlocks, sans jamais deviner que ces sous-hommes des souterrains — qui semblent leurs esclaves — les élèvent en fait pour la chair.

Dans *News from Nowhere*, William Morris invente un Nouvel Âge postindustriel — utopie préraphaélite du métier honnête, de la bonne conception et de l'amour libre — d'où il attaque la première grande vague de mondialisation, le marché mondial régi par le paquebot, le télégraphe et l'Empire britannique :

Le bonheur du travailleur à l'œuvre, son confort le plus élémentaire et sa santé même [...] ne pesaient

pas un grain de sable dans la balance contre la nécessité de « produire bon marché » des choses qui, pour
la plupart, ne valaient pas la peine qu'on les produise
[...]. Toute la communauté était projetée dans les
mâchoires de ce monstre affamé, « le marché mondial ».

Si le passé est notre maître, il semble que nous ne
retenions pas grand-chose de ses leçons. La dernière
génération avant la Première Guerre mondiale —
l'époque du jeune Einstein, d'Oscar Wilde et du roman
terroriste de Joseph Conrad, *L'Agent secret* — ressemble
beaucoup à la nôtre : un siècle usé en fin de parcours ; un
nouveau siècle dans lequel s'atrophient la moralité et
les certitudes, où des plastiqueurs rôdent dans l'ombre,
où des industriels proclament depuis leur château que
la libre entreprise sans entrave fera renaître une nouvelle Jérusalem pour tous.

Des observateurs plus réfléchis, sentant que le
changement allait à un train d'enfer, ont commencé à
craindre que le pouvoir de l'industrie n'ait aussi donné
à la race humaine le moyen de se suicider. Ils ont vu des
nations chauvines s'engager dans la course à l'armement. Ils ont constaté l'exploitation sociale et les vastes
bidonvilles, la contamination de l'air et de l'eau, et la
« civilisation » conférée aux « sauvages » par la force
des mitrailleuses[38].

Et si ces mitrailleuses avaient été braquées non
pas sur les Zoulous ou les Sioux, mais sur d'autres
Européens ? Et si la dégradation des bidonvilles avait
entraîné la déchéance de la race humaine ? À quoi exactement pouvait bien rimer toute cette production
économique si, pour tant de gens, elle signifiait le déracinement, la misère et la saleté ? À la fin du voyage,
l'Explorateur du Temps de Wells voit la civilisation
comme « rien qu'un tas de fous qui, inévitablement

[...] détruira son créateur à la fin ». Bien sûr, il y en aura pour dire que notre présence ici prouve que les Victoriens inquiets avaient tort. Mais est-ce bien vrai ? Ils avaient peut-être tort dans les détails qu'ils ont imaginés pour notre époque, mais ils avaient raison de prévoir des ennuis. La Grande Guerre allait bientôt survenir et entraîner la mort de 12 millions[39] de personnes, comme la Révolution russe et la Crise — menant à leur tour à Hitler, aux camps de la mort, à la Deuxième Guerre mondiale (avec ses 50 millions de victimes) et à la bombe atomique. À leur tour, ces événements allaient donner lieu à la guerre de Corée, à la guerre froide, à la quasi fatale crise des missiles cubains, au Viêt-Nam, au Cambodge, au Rwanda. Même le plus pessimiste des Victoriens aurait été étonné d'apprendre que les guerres du XXe siècle allaient faire plus de 100 millions de victimes — deux fois l'entière population de l'Empire romain[40]. En effet, le prix de l'histoire ne cesse d'augmenter.

Les romans scientifiques de l'époque victorienne ont eu deux descendants : la science-fiction générale et la satire sociale profonde, campée dans un avenir cauchemardesque. Ce dernier genre inclut plusieurs des grandes œuvres du XXe siècle : *Le Meilleur des mondes* d'Aldous Huxley, *1984* de George Orwell, *En Attendant les barbares* de J.M. Coetzee, et un certain nombre de scénarios postnucléaires dont *Riddley Walker*, de Russel Hoban, est certainement l'œuvre maîtresse.

Depuis que la menace nucléaire a reculé (qui sait ?), les romans modernes apocalyptiques sont retournés aux inquiétudes soulevées avant Hiroshima — en particulier les risques de la nouvelle technologie et la manière dont notre espèce pourrait survivre sans troquer son humanité pour un ordre apparenté aux fourmis. (L'aspect le plus perturbant du *Meilleur des mondes* de Huxley est sans doute l'argument indiscutable en faveur de l'ordre, un argument encore plus difficile à réfuter maintenant qu'il ne l'était en 1932.) Les monstres métalliques de *Erewhon* ont pris une forme plus subtile qui menace toute la biosphère : perturbations climatiques, déchets toxiques, nouveaux pathogènes, nanotechnologie, cybernétique, ingénierie génétique.

L'un des dangers que suppose la satire dystopique est que c'est vraiment déprimant lorsqu'on tombe dans le mille. Il y a dix ans, j'ai commencé à écrire mon roman *A Scientific Romance*, titre que j'ai choisi parce que je voulais reconnaître l'ère victorienne, et parce que mon thème tournait autour d'un amour fou avec la science. Pour les fins de la satire, j'ai fait ce que je croyais être des extrapolations impossibles à partir de faits divers dans les nouvelles. J'ai fait mourir un de mes personnages de la maladie de la vache folle, en pensant que dans la dernière révision, je devrais lui infliger un sort un peu moins alambiqué. Au moment où paraissait le livre en 1997, des douzaines de personnes étaient vraiment mortes de la maladie de la vache folle[41]. D'autres éléments de la satire — par exemple le changement climatique qui transforme un Londres glacial en un marécage tropical, une race de survivants génétiquement modifiés et une herbe à pelouse transgénique qui n'a pas besoin d'être tondue parce qu'elle possède les propriétés autolimitatives de la pilosité pubienne — ne semblent plus tout à fait les miroirs déformants de la maison drolatique qu'ils étaient lorsque j'ai commencé. Il y a juste quelques mois, quelque chose de plus précis est venu me hanter. Dans les ruines de la jungle londonienne, mon protagoniste se retrouve dans une rue bloquée aux édifices fortifiés avec des dalles de béton. Il en déduit que c'est là que le gouvernement britannique assiégé a dû passer ses derniers jours dans les années 2030[42]. Plus tôt cette année, j'ai lu dans le journal que le gouvernement de Tony Blair a l'intention d'entourer les édifices du parlement d'un mur de béton de quatre mètres et demi couvert de barbelé à lames[43].

Je ne veux pas jouer les prophètes et je ne prétends pas en être un. Pas besoin d'être Nostradamus pour prévoir que des murs seront érigés en temps de crise, encore que les murs les plus épais demeurent ceux de l'esprit. Une des caractéristiques révélatrices de la maladie de la vache folle lorsqu'elle a vraiment fait ses ravages, fut le temps pendant lequel le gouvernement britannique s'est contenté d'espérer que tout irait pour le mieux au lieu d'agir. Dans son récent roman dystopique, *Oryx and Crake*, centré sur la biotechnologie, Margaret Atwood dépeint aussi l'effondrement de la civilisation dans un avenir prochain. L'un de ses personnages demande : « En tant qu'espèce, nous sommes condamnés par l'espoir, alors[44] ? » Par l'espoir, vraiment ? Eh bien, oui. Pour parer aux vieux gâchis, l'espoir nous pousse à inventer de nouvelles combines, lesquelles à leur tour créent des gâchis toujours plus dangereux. L'espoir nous fait élire le politicien qui fait les plus grandes promesses à la légère, et comme vous le dira n'importe quel agent de change ou vendeur de billets de loterie, la plupart d'entre nous opterons pour un mince espoir contre une frugalité prudente et prévisible. Tout comme la cupidité, l'espoir alimente les moteurs du capitalisme.

John Steinbeck a dit un jour que le socialisme ne s'est jamais enraciné aux États-Unis parce que les pauvres eux-mêmes s'y voient non pas comme un prolétariat exploité, mais comme des millionnaires temporairement dans l'embarras. Cela contribue à expliquer pourquoi la culture américaine est si hostile à l'idée des limites, pourquoi les électeurs pendant la dernière pénurie énergétique ont rejeté Jimmy Carter et ses chandails et ont élu Ronald Reagan, qui se moquait de la conservation et proclamait à tous qu'il « était encore tôt le matin en Amérique[45] ». Le mythe du progrès n'a de plus fervents adeptes nulle part ailleurs.

Marx avait certainement raison lorsqu'il a appelé le capitalisme, presque avec admiration, « une machine à démolir les limites ». Tant le communisme que le capitalisme sont des utopies offrant des versions rivales du paradis sur terre. En pratique, le communisme n'était pas plus indulgent pour le milieu naturel, mais au moins, il proposait le partage des biens. Le capitalisme nous attire dans le guet-apens comme des lévriers devant des lièvres mécaniques, nous persuadant que l'économie est infinie et que le partage est, par conséquent, sans importance. Juste assez de lévriers attrapent un vrai lièvre de temps en temps pour que les autres continuent à courir jusqu'à l'épuisement. Par le passé, seuls les pauvres perdaient à ce jeu ; à présent, c'est toute la planète qui en souffre[46].

Ceux qui, ayant voyagé dans leur jeunesse, retournent à leurs anciens lieux de prédilection vingt ou trente ans plus tard ne peuvent manquer de constater l'attaque massive du progrès : terres agricoles devenues banlieues, jungles transformées en fermes d'exploitation bovine, rivières détournées par des barrages, mangroves changées en fermes à crevettes, montagnes faisant place aux carrières de béton ou récifs de coraux convertis en copropriétés.

Nous avons toujours des cultures et des systèmes politiques différents, mais sur le plan économique, il n'y a désormais qu'une seule civilisation s'alimentant à même le capital naturel de toute la planète. Nous pratiquons partout la coupe du bois, la pêche, l'irrigation, la construction, et aucun coin de la biosphère n'échappe à notre hémorragie de déchets[47]. La croissance du commerce mondial, qui s'est multipliée par un facteur de vingt depuis les années 1970, a été telle que l'auto-suffisance n'existe plus nulle part. Chaque Eldorado a été pillé, chaque paradis terrestre, doté d'un Holyday Inn. Joseph Tainter note cette interdépendance en prévenant que « l'effondrement, s'il doit survenir à nouveau, se fera cette fois à l'échelle du globe [...]. La civilisation mondiale se désintégrera dans son ensemble[48]. »

Des experts dans tout un éventail de domaines ont commencé à constater la diminution des possibilités qui nous sont ouvertes ; ils ont entrepris de prévenir la civilisation que ces années-ci pourraient être les dernières pendant lesquelles elle possède encore suffisamment de richesse et de cohésion politique pour prendre le parti de la prudence, de la conservation et de la justice sociale. Il y a 12 ans, juste avant le Sommet de l'environnement de Rio qui a donné lieu à l'accord de Kyoto sur le changement climatique, plus de la moitié de tous les récipiendaires du prix Nobel au monde nous ont prévenu que nous ne disposions que d'une dizaine d'années pour rendre notre système durable. Mainte-nant, dans un rapport que l'administration Bush a tenté en vain d'étouffer, le Pentagone prédit la famine, l'anarchie et la guerre à l'échelle mondiale « en moins d'une génération » si le changement climatique répond aux projections les plus austères[49]. Astronome royal et ancien président de la British Association for the Advancement of Science, Martin Rees, de l'Université de Cambridge, conclut dans son livre de 2003, *Our Final Century*: « Les chances que notre civilisation actuelle [...] survive jusqu'à la fin du siècle ne sont pas meilleures que moitié-moitié [...] sauf si toutes les nations adoptent des politiques de développement durable à faibles risques, basées sur la présente technologie[50]. »

Les sceptiques signalent les prédictions antérieures de désastres qui ne se sont pas réalisées. Mais c'est là le summum de la sottise. Si nous avons échappé au désastre, notamment celui de la guerre nucléaire, ce fut souvent par chance plutôt que par dessein, et il n'est pas dit que cela soit définitif[51]. D'autres problèmes ont été esquivés mais pas réglés. La crise alimentaire, par exemple, a simplement été retardée par le recours aux graines hybrides et à la culture chimique, cela à un coût exorbitant pour la santé du sol et la diversité biologique[52].

Après les attaques du 11 septembre 2001, les médias et les politiciens du monde entier ont naturellement centré leur attention sur le terrorisme. Deux mises au point sont nécessaires ici.

En premier lieu, le terrorisme est une menace peu importante par comparaison avec la faim, la maladie ou le changement climatique[53]. Ce jour-là, 3000 personnes ont péri aux États-Unis ; 25 000 meurent chaque jour dans le monde rien qu'en raison de l'eau contaminée. Chaque année, 20 millions d'enfants souffrent de déficiences intellectuelles causées par la malnutrition[54]. Chaque année, une zone agricole de la grandeur de l'Écosse disparaît en Asie à cause de l'érosion et de l'étalement urbain.

En deuxième lieu, on ne peut faire cesser le terrorisme en traitant les symptômes plutôt que la cause. La violence naît de l'injustice, de la pauvreté, de l'inégalité et de la violence. Cette leçon a été apprise à grand-peine dans la première moitié du XXe siècle, au coût de quelque 80 millions de vies[55]. Bien entendu, un ventre plein et un procès équitable n'arrêteront jamais un fanatique, mais ils peuvent largement réduire le nombre de ceux qui deviendront des fanatiques.

Après la Deuxième Guerre mondiale, un consensus s'est fait jour sur la nécessité de s'attaquer aux racines de la violence en créant des institutions internationales et des formes de capitalisme gérées démocratiquement sur la base de l'économie keynésienne et du *New Deal* de l'Amérique. Encore que loin d'être parfaite, cette politique a réussi en Europe, au Japon et dans certaines parties du tiers-monde[56]. (Rappelez-vous l'époque où il était question non pas de la « guerre à la terreur », mais de la « guerre à la pauvreté ».)

Saper ce consensus d'après-guerre et remettre en place des modèles politiques archaïques revient à retourner dans le passé sanglant. Et pourtant, c'est ce que la Nouvelle Droite a accompli depuis la fin des années 1970 ; elle remballe de vieilles idées qu'elle fait passer pour neuves et les utilise pour transférer les leviers du pouvoir des gouvernements élus aux entreprises qui, elles, ne le sont pas — un projet vendu comme de la « réduction de taxes » et de la « déréglementation » par les courtisans de la droite dans les médias, dont le Canada a certainement son lot. L'économie de laisser-faire — si vous laissez le cheval avaler assez d'avoine, il en restera toujours quelque chose pour les moineaux[57] — a été tentée à plusieurs reprises et a échoué aussi souvent, produisant la ruine et le naufrage social[58].

La révolte contre la redistribution est en train de tuer la civilisation, des ghettos aux forêts tropicales[59]. Dans la plupart des pays, les taxes n'ont pas été réellement réduites ; elles ont été simplement déplacées plus bas dans la pyramide du revenu, et les subsides à l'aide sociale ont été transférés aux programmes militaires et commerciaux. Le grand juge américain Oliver Wendell

Holmes a déjà dit : « Ça ne me fait rien de payer des taxes ; elles me procurent la civilisation. » La confiance publique dans une protection sociale de base est essentielle tant pour réduire le taux des naissances dans les pays pauvres que pour assurer une société convenable dans tous les pays. Le retrait de cette confiance a déclenché une course généralisée qui est en train de dépouiller la terre.

Comme je l'ai signalé plus tôt dans ce livre, la population mondiale s'est multipliée par un facteur de quatre, et l'économie, par un facteur de 40, au cours du XXe siècle. Si la promesse de la modernité avait fait du sur place — autrement dit, si l'écart entre riches et pauvres était resté proportionnellement égal à ce qu'il était lorsque la reine Victoria est morte —, tous les êtres humains seraient dans une situation dix fois plus avantageuse. Pourtant, le nombre de personnes vivant aujourd'hui dans la pauvreté la plus abjecte est aussi élevé que l'était toute la population humaine en 1901[60].

Dès la fin du XXe siècle, les trois individus les plus riches du monde (tous des Américains) possédaient une richesse combinée supérieure à celle des 40 pays les plus pauvres[61]. En 1998, les Nations Unies estimaient que 40 milliards de dollars US bien dépensés suffiraient à fournir aux plus pauvres de la terre de l'eau propre, des installations d'hygiène et à combler certains autres besoins élémentaires[62]. Le chiffre est peut-être optimiste, et il a sans doute augmenté pendant les huit dernières années. Malgré tout, il est encore considérablement moindre que les fonds déjà réservés au bouclier antimissiles, ce fantasme d'un gaspillage indécent qui ne marchera pas, dont on n'a nul besoin, mais qui pourrait provoquer une nouvelle course à l'armement et la militarisation de l'espace.

Pensons aux trois aspects de l'effondrement de Tainter : le train emballé, le dinosaure et le château de cartes. L'accroissement de la population et de la pollution, l'accélération de la technologie, la concentration de la richesse et du pouvoir, sont tous des trains emballés, dont la plupart sont reliés entre eux. La croissance démographique ralentit, mais d'ici 2050 la population aura tout de même augmenté de trois milliards. Nous pourrons peut-être nourrir ce nombre à court terme, mais nous devrons élever moins de bétail (qui exige dix livres de nourriture pour en produire une) et distribuer la nourriture à tous. Ce que nous ne pouvons pas faire, c'est de continuer à consommer comme nous le faisons. Ni à polluer comme nous le faisons. Nous pourrions aider des pays comme la Chine et l'Inde à s'industrialiser sans répéter nos erreurs, mais au lieu de cela, nous avons exclu les normes environnementales des accords commerciaux. Comme des touristes du sexe aux désirs illicites, nous faisons notre plus sale boulot parmi les pauvres.

Si la civilisation doit survivre, elle doit vivre des intérêts, et non pas du capital, de la nature. Les indicateurs écologiques donnent à penser que, au début des années 1960, les humains utilisaient environ 70 pour cent de la production annuelle de la nature ; dès les années 1980, nous avions atteint 100 pour cent ; et en 1999, nous arrivions à 125 pour cent[63]. Ces chiffres sont peut-être imprécis, mais leur tendance est évidente — ils balisent la route qui conduit à la faillite.

Rien de tout cela ne devrait nous surprendre après avoir lu le contenu des enregistreurs de vol trouvés dans les épaves de civilisations éteintes ; notre comportement actuel est typique des sociétés perdantes au zénith de leur cupidité et de leur arrogance. C'est le facteur dinosaure : hostilité envers le changement qui affecte les intérêts matériels et inertie à tous les niveaux de la société[64]. George Soros, le spéculateur réformé, appelle les dinosaures économiques des « fondamentalistes du marché ». Je ne suis pas à l'aise avec ce terme parce que si peu d'entre eux sont réellement des partisans de la libre entreprise, préférant de loin les monopoles, les cartels et les marchés publics[65]. Néanmoins, je vois bien ce qu'il veut dire. L'idée que le monde doive être à la merci du marché des valeurs est aussi folle que tout autre délire fondamentaliste, islamique, chrétien ou marxiste.

Dans le cas de l'île de Pâques, le culte de la statue est devenu une manie autodestructive, une pathologie idéologique. Aux États-Unis, l'extrémisme du marché – qu'on pourrait croire purement matérialiste et, par conséquent, ouvert aux intérêts personnels rationnels – s'est uni au messianisme évangélique pour combattre une politique intelligente d'après des motifs métaphysiques. La chrétienté du courant dominant est une foi altruiste, et pourtant, cette ramification messianique est activement hostile au bien public : c'est en quelque sorte un darwinisme social pratiqué par des gens qui détestent Darwin. Le secrétaire de l'Intérieur sous la présidence de Reagan a dit au Congrès de ne pas se préoccuper de l'environnement parce que, dans ses propres mots : « Je ne sais pas sur combien de générations nous pourrons compter avant le retour du Seigneur[66]. » George W. Bush s'est entouré d'esprits semblables et s'est retiré de l'accord de Kyoto sur le changement climatique[67].

Adolf Hitler s'est un jour exclamé en jubilant : « Quelle chance pour les chefs d'État que le peuple ne réfléchisse pas ! » Mais que peut-on faire quand les chefs d'État eux-mêmes refusent de réfléchir ?

Les civilisations tombent plutôt soudainement — l'effet château de cartes — parce que, lorsqu'elles atteignent le point où la demande sur l'écologie est maximale, elles deviennent fortement vulnérables aux fluctuations naturelles. Le danger le plus immédiat que pose le changement climatique est que des conditions météorologiques instables pourraient entraîner une série d'échecs des cultures dans les greniers du monde. Les sécheresses, inondations, incendies et ouragans gagnent en fréquence et en gravité. La montée en flèche de la pollution causée par ces conditions et par les guerres ajoute au tourbillon de destruction. Les experts en médecine s'inquiètent d'un effondrement naturel causé par la maladie. Qu'on y pense : nous sommes des milliards de primates, dont bon nombre sont malades et mal nourris, mais nous sommes aussi tous reliés par le transport aérien : un microbe agile ne ferait de nous qu'une bouchée. Alfred Crosby observe sardoniquement que « Mère Nature vient toujours à la rescousse d'une société frappée de [...] surpopulation, mais ses remèdes ne sont jamais plaisants[68]. »

Si j'ai tenté de défendre la cause de la réforme, ce n'est pas par altruisme ni pour sauver la nature pour l'amour de la nature. À mon avis, ce sont là des impératifs moraux, mais de tels arguments vont à contre-courant du désir humain. La raison la plus impérieuse pour réformer notre système est qu'il ne sert les intérêts de personne. C'est une machine à suicide. Chacun de nous souffre d'une certaine inertie de dinosaure, mais franchement, je ne sais pas ce que les « dinosaures activistes » — ces hommes et femmes coriaces des grandes pétrolières et de l'extrême droite — croient qu'ils sont en train de faire. Ils ont des enfants et des petits-enfants qui auront besoin d'aliments sûrs, d'eau et d'air propres, et qui ont peut-être envie de voir des mers et des forêts vivantes. La fortune ne peut acheter de refuge contre la pollution : les pesticides vaporisés en Chine se condensent dans les glaciers de l'Antarctique et les lacs de cirque des Rocheuses. La fortune n'est pas non plus un bouclier contre le chaos, comme l'a bien montré la surprise qu'on lisait sur chacune des têtes hautaines tombées de la guillotine.

Selon un dicton de l'Argentine, chaque nuit, Dieu nettoie le fouillis que font les Argentins pendant le jour. Apparemment, nos dirigeants comptent là-dessus. Mais cela ne marchera pas. Les choses vont si vite que l'inaction en soi est une des plus graves erreurs. L'expérience de la vie sédentaire, qui dure depuis 10 000 ans, se poursuivra ou échouera selon ce que nous ferons et ne ferons pas dès maintenant. La réforme nécessaire n'est pas anticapitaliste, anti-américaine, ni même profondément écologiste ; il s'agit simplement de passer de la pensée à court terme à la pensée à long terme. De l'imprudence et de l'excès, à la modération et au principe préventif.

Le grand avantage que nous détenons, notre meilleure chance d'éviter le sort des sociétés passées, est que nous connaissons leur histoire. Nous pouvons constater comment et pourquoi elles ont erré. *Homo sapiens* possède l'information pour admettre ce qu'il est : un chasseur de l'âge glaciaire à moitié évolué vers l'intelligence, astucieux sans doute, mais rarement sage.

Nous sommes maintenant à l'étape où les Pascuans auraient encore pu mettre un frein à la coupe et à la sculpture insensées, où ils auraient pu ramasser les dernières graines d'arbres pour replanter hors de l'atteinte des rats. Nous avons les outils et les moyens de partager les ressources, de nettoyer la pollution, de dispenser des soins élémentaires, de contrôler les naissances, d'établir des limites économiques alignées sur les limites naturelles. Si nous ne faisons pas ces choses dès maintenant, tandis que nous prospérons, nous ne serons jamais capables de les faire dans les temps difficiles. Notre destin s'échappera de nos mains. Et ce nouveau siècle ne vivra pas très vieux avant d'entrer dans une ère de chaos et d'effondrement qui éclipsera tous les âges des ténèbres du passé.

C'est maintenant notre dernière chance d'assurer l'avenir.

Notes

1. Joseph A. Tainter, *The Collapse of Complex Societies*, Cambridge, Cambridge University Press, 1988, p. 59.
2. Des parties de l'Ancien Monde, notamment l'Europe et l'Afrique du Nord, ont perdu près du tiers de leur population à cause de la peste qui a sévi au milieu du XIVe siècle. En Europe, cela a eu pour effet de disloquer les hiérarchies anciennes et de favoriser l'utilisation de moulins et autre machinerie de base. Dans le monde de l'Islam, la forte perte de main-d'œuvre a nui aux travaux d'irrigation et entraîné un déclin économique, contribuant ainsi à la reconquête de l'Espagne par les chrétiens. En 1500, les pandémies européennes n'avaient pas encore frappé la population du Nouveau Monde, qui se chiffrait probablement entre 80 et 100 millions, ou entre le cinquième et le quart du total mondial. Dès 1600, dans les régions densément peuplées comme la Méso-Amérique, les Andes et le sud-est de l'Amérique du Nord, les niveaux de population étaient tombés de plus de 90 pour cent. Une perte globale d'au moins 50 millions de personnes pour le Nouveau Monde pendant le XVIe siècle représente une estimation prudente ; selon le chiffre initial, les pertes ont pu se chiffrer à 75 millions ou même davantage.
3. La population mondiale croît présentement d'un peu plus de 70 millions par année, par comparaison à 90 millions par année dans les années 1980.
4. Charles Redman, *Human Impact on Ancient Environments*, Tucson, University of Arizona Press, 1999, p. 124. Ainsi, la vallée de Colca (*qollqa* signifie « grenier ») était déjà presque entièrement aménagée en terrasses du temps des Incas, et l'on trouve des terrasses encore en exploitation le long de la vallée Urubamba, près de Cuzco. Le guano était extrait par

des marchands chinchas et transporté dans les montagnes à dos de lama sur des routes pavées. L'usage du guano par les Incas aurait été indéfiniment durable s'il n'avait été devancé par les dépôts de fiente de pélican. À l'exemple de l'Égypte et de la Chine, le Pérou a été choyé par la nature. Les dépôts ont été redécouverts et exploités lors du tristement célèbre « boom du guano » de l'ère victorienne. Voir aussi la note 25 ci-dessous.

5. Le nom signifie en gros « les quatre quartiers réunis ».

6. L'Empire aztèque était peut-être un peu plus peuplé que l'Empire inca, lequel était beaucoup plus vaste, mais moins urbanisé. Les estimations s'échelonnent de 6 à 32 millions d'habitants pour les Incas, et de 12 à 25 millions pour les Aztèques, ces estimations plus élevées étant de plus en plus acceptées. Peu importe les chiffres réels, on peut présumer sans crainte d'errer que la Méso-Amérique (qui incluait les Mayas et d'autres peuples échappant à la domination aztèque) et Tawantinsuyu (l'Empire inca) détenaient au moins la moitié de la population du Nouveau Monde. Pour un exposé peu récent mais toujours utile sur les estimations et les sources visant la population mondiale, voir Fernand Braudel, *Civilisation matérielle, économie et capitalisme, XVᵉ-XIIIᵉ siècle. Les structures du quotidien*, Paris, Armand Colin, 2000.

7. L'économie dirigée fonctionnait surtout au niveau impérial. Les peuplades locales semblent avoir dirigé leurs propres affaires jusqu'à un certain point. Les Chinchas, par exemple, ont joué un rôle important comme marchands maritimes ; ils faisaient le commerce de marchandises de luxe avec Panama et peut-être aussi avec l'ouest du Mexique. Des sources espagnoles et autochtones anciennes confirment que les besoins élémentaires de la vie — nourriture, abri, vêtement — étaient comblés par l'État inca en temps de disette. De toute évidence, la production alimentaire

correspondait à la demande, même si la population était élevée pour le milieu rude et divers de la région andéenne. Pendant trois siècles, la nostalgie d'un âge d'or qu'on appelait « le temps des Incas » devint un trait commun des révoltes contre les Espagnols. Les chefs des rebelles, y compris un né en Argentine de parents espagnols au XVIIe siècle, prenaient des noms et titres incas. Voir Luis Millones, « The Time of the Inca : The Colonial Indians' Quest », *Antiquity*, n° 66, 1992, p. 204-216. Le plus grand soulèvement indien, la révolte d'Inca Tupa Amaru II, un authentique descendant de la royauté inca, a presque réussi à expulser les Espagnols du Pérou, quarante ans seulement avant que les révoltes *criollo* (des colons blancs) entraînent la création des républiques d'Amérique latine. Au Mexique, il n'y eut pas d'efforts comparables en vue de réinstaurer l'Empire aztèque, bien que des éléments du monde précolombien aient inspiré le nationalisme mexicain.

8. Dans *Religion and Empire*, Cambridge, Cambridge University Press 1984, Geoffrey W. Conrad et Arthur A. Demarest soutiennent que la politique d'expansion rendait les deux empires intrinsèquement instables. C'est peut-être vrai, bien qu'à mon avis, cela s'applique à tout autre empire arrivé à une étape comparable (Rome au temps de Jules César, par exemple). Fortement exploitante et largement détestée, l'hégémonie aztèque était sans doute la moins solide des deux. L'évidence montre aussi que les deux tentaient de se réformer pour atteindre la stabilité à long terme. Il importe de se rappeler que les guerres civiles et la désintégration que Pizarro a trouvées au Pérou résultaient entièrement de la variole et d'autres plaies importées de l'Ancien Monde.

9. Typiquement, une pandémie de variole tue de 50 à 75 pour cent des sujets en « sol vierge ». Une chronique

maya donne un aperçu de l'effet initial de la peste sur la famille régente d'un royaume : des quatre régents cakchiquel mentionnés par leur nom, trois sont morts en même temps. Huayna Capac du Pérou (le père d'Atahualpa) et son héritier désigné ont péri, comme aussi Cuitlahuac, qui avait pris le pouvoir au Mexique après que Moctezuma fut tué. On pense que toutes ces pandémies ont éclaté par suite d'interactions entre humains et animaux dans l'Ancien Monde, particulièrement en Asie. L'agriculture du Nouveau Monde dépendait davantage des plantes ; et les animaux américains qui furent domestiqués ne semblent pas avoir abrité de maladies transmissibles à l'homme.

10. Alfred Crosby, *Ecological Imperialism : The Biological Expansion of Europe 900-1900*, Cambridge, Cambridge University Press, 1986, p. 200.

11. En 1517 et en 1518, Francisco Hernandez et Juan de Grijalva ont été défaits dans des batailles contre les Mayas le long des côtes du Yucatán et du golfe du Mexique. Un autre Espagnol, Alejo Garcia, a envahi l'Empire inca du Paraguay au début des années 1520 et a aussi été repoussé. En 1521, Ponce de León a été tué en Floride, et ses hommes ont battu en retraite. La plus grande victoire autochtone fut la *noche triste*, la nuit triste, à Mexico. Sur quelque 1200 Espagnols, la plus grande armée européenne des premières guerres de la conquête, près de 900 ont été tués. Bernal Díaz, qui y était, donne le chiffre de 860, y compris un certain nombre de morts à Otumba. Les Aztèques ont capturé ou tué 46 des 69 chevaux présents. Cortés s'est replié et a reçu des renforts de Cuba, mais il n'a pas attaqué de nouveau jusqu'à ce que la variole éclate dans la capitale mexicaine quelques mois plus tard. Voir Ronald Wright, *Stolen Continents : Conquest and Resistance in the Americas*, Boston, Houghton Mifflin, 1992, p. 43.

12. Si ma mémoire est bonne, Jimmy Carter a interrompu le programme par suite d'un tollé général.

13. La conquête du Mexique a été une lutte de deux ans que les Aztèques étaient sur le point de remporter lorsque la variole a éclaté. Au Pérou, la vraie guerre a commencé après le meurtre judiciaire d'Atahualpa, lorsque Manco, son demi-frère inca, a assiégé la capitale de Cuzco et tenté d'en expulser les Espagnols par le feu. Par la suite, Manco et son fils ont établi un État libre inca d'où ils ont mené la guérilla pendant près de quarante ans. Les guerres civiles modernes au Pérou et au Guatemala dans les années 1980, la révolte des Chiapas dans les années 1990 et la crise d'Oka de 1990 au Canada ont toutes été suscitées par des problèmes laissés en suspens entre Blancs et Amérindiens. Notons toutefois que les chefs du soulèvement du Sentier lumineux au Pérou exploitaient, plutôt qu'ils ne défendaient, les autochtones péruviens.

14. Frère Motolinía, cité dans Alfred Crosby, *Columbian Exchange : Biological and Cultural Consequences of 1492*, Westport, Greenwood Press, 1972, p. 52.

15. Francis Jennings, *The Invasion of America : Indians, Colonialism, and the Cant of Conquest*, New York, Norton, 1976, p. 30. Cela s'applique en particulier à l'Amérique du Nord et à une partie des basses terres des tropiques, où plus d'un siècle s'est écoulé entre l'effondrement de l'ancienne population et l'arrivée de la nouvelle. Comme dans les jungles mayas, une bonne partie de la soi-disant « forêt vierge » de l'est de l'Amérique du Nord était un peuplement secondaire ayant poussé dans les champs de maïs, les villes et les territoires de chasse que les Indiens avaient abandonnés. Jennings (lecture essentielle, à mon avis) précise que l'Amérique du Nord n'était pas vierge ; elle était veuve.

16. Dès 1600, les populations du Pérou et du Mexique avaient chuté d'environ un million chacune, pertes

correspondant à quelque 95 pour cent du total ; elles ont commencé à se rétablir lentement au XVIIIe siècle. On a estimé que pendant les trois siècles d'exploitation minière à Potosí (en Bolivie), plus d'un million d'Indiens andéens sont morts au travail. Ils étaient conscrits en vertu d'une perversion de l'ancien système inca sur la main-d'œuvre imposée, mais sans jouir d'aucun de ses avantages.

17. L'or de Cajamarca pesait environ sept tonnes ; trois autres tonnes ont été dévalisées à Cuzco. Cortés a pris environ une tonne à Moctezuma. La valeur réelle du métal dans l'Europe d'alors était bien supérieure à ce que son poids suppose aujourd'hui.

18. Extrait de *La Misère de la philosophie, réponse à la philosophie de la misère de M. Proudhon*, Paris, Union générale d'édition, 1964, p. 446.

19. En 1991, le Smithsonian a réalisé une importante exposition appelée *Seeds of Change*. Voir Herman Viola et Carolyn Margolis, *Seeds of Change : A Quincentennial Commemoration*, Washington DC, Smithsonian Institution Press, 1991, le livre d'accompagnement qui inclut des articles notamment d'Alfred Crosby et de William H. McNeill. La pomme de terre présentait les avantages supplémentaires de pouvoir croître en climat froid et d'être difficile à saisir ou à détruire en temps de guerre. Dans le nord de l'Europe, la pomme de terre fournissait quatre fois plus de calories que n'en donnait une acre de seigle. Voir William H. McNeill, « American Food Crops in the Old World », dans *Ibid.*, p. 45. McNeill oublie de mentionner que le manioc, très important dans l'ouest de l'Afrique, a été importé des Amériques avant 1600. La patate sucrée américaine s'est répandue dans toute l'Asie du Sud-Est, y compris la Chine et le Pacifique. Le maïs a certains inconvénients : il exige plus d'eau que le blé et n'offre une alimentation équilibrée que s'il est

combiné au haricot. Néanmoins, dès la fin du
XXe siècle, le tonnage de maïs et de pommes de terre
produit dans le monde était près de celui du blé et du
riz (*Ibid.*, p. 43-44).

20. Surpeuplée, l'Europe a connu de nombreuses famines
pendant une bonne partie du Moyen Âge (sauf pour
quelques générations qui convoitaient moins les terres
par suite de la peste), mais les gens étaient toujours
attachés à la terre. La pomme de terre a été particulièrement importante pour la croissance démographique
et l'industrialisation en Allemagne et en Russie.

21. Dans les premières années d'esclavage colonial de
l'Espagne et de l'Angleterre, avant que le commerce
africain prenne prise, les Amérindiens étaient littéralement emportés d'Amérique en Europe. Cependant,
tant d'entre eux mouraient que cela ne valait pas la
peine.

22. C'est aussi bien expliqué au grand public dans Viola et
Margolis, *Seeds of Change*.

23. Le guano est formé d'excréments d'oiseaux de mer
amoncelés en couches épaisses sur les îles désertes le
long du littoral. (Le mot « guano » provient du mot
quechua *wanu*, qui signifie crottin ou fumier.) Au XIXe
siècle, les dépôts furent rapidement épuisés, surtout
par des entreprises britanniques ; les travailleurs
étaient des prisonniers et des esclaves, y compris des
centaines de Pascuans enlevés de l'île de Pâques (voir
les notes du chapitre 3). Au début du XXe siècle, des
dépôts semblables furent découverts en Micronésie,
sur Banaba et Nauru ; ils sont à présent épuisés, et il
n'y en a probablement pas d'autres. Le procédé Haber-
Bosch, commun dans la fabrication de fertilisants chimiques, combine l'azote de l'air avec de l'hydrogène
provenant du gaz naturel ou du pétrole.

24. Voir Richard Manning, « The Oil We Eat », *dans*
Harper's, février 2004, p. 37-45, pour une analyse

alarmante des coûts cachés de l'agriculture moderne. Dans les civilisations préindustrielles, de 80 à 90 pour cent des gens étaient fermiers. Aujourd'hui, en Amérique du Nord, seulement 2 pour cent des gens travaillent la terre. Cependant, si nous incluons tous ceux qui sont employés dans la machinerie, l'industrie pétrolière et pétrochimique ainsi que l'industrie du transport reliées à l'agriculture, le nombre véritable occupé à la production alimentaire est bien plus élevé. Dans « The End of Cheap Oil », *National Geographic*, juin 2004, p. 80-109, Tim Appenzeller offre un bon aperçu de la situation fâcheuse dans laquelle se trouve l'énergie fossile.

25. McNeill, « American Food Crops », p. 59.

26. Les Classiques ont développé plusieurs sortes de machines, notamment les pompes de fonçage; Héro d'Alexandrie a inventé une turbine à vapeur rudimentaire dans la période ptolémaïque, mais si un modèle fonctionnel a jamais été produit, il n'est demeuré rien d'autre qu'une curiosité, comme les jouets à roues de Méso-Amérique ou les inventions de Léonard de Vinci. La Chine fabriquait du fer forgé dans des hauts fourneaux au premier millénaire avant J.-C., et l'Europe médiévale était aussi plus inventive qu'on ne le reconnaît généralement. Aucune de ces technologies n'a « décollé » avant 1492.

27. Son récit à succès, *Commentaires royaux sur le Pérou des Incas*, est paru en 1609 en espagnol, et en 1688 en anglais; il a été traduit dans plusieurs autres langues. Sa mère était la fille de l'empereur Huayna Capac, père d'Atahualpa. Inca Garcilaso de la Vega est mort en 1616, la même année que Shakespeare et Cervantes.

28. Au sujet de la citation d'Adair et pour plus de renseignements sur les Iroquois et les Cherokee, voir Wright, *Stolen Continents*, chap. 4 et 5. Un siècle après Franklin, Friedrich Engels était également impressionné par

les Iroquois, signalant entre autres l'équilibre du pouvoir entre les sexes (*Ibid.*, p. 117).

29. Les Espagnols sous Hernando de Soto ont vu ce type de sociétés dans tout le sud-est, et les Français ont rencontré des hiérarchies tout aussi développées le long du Mississippi. On peut encore voir des pyramides de terre impressionnantes à Cahokia, près de Saint-Louis, à Etowah près d'Atlanta, et sur divers autres sites dans l'est.

30. Les nations européennes, notamment la Grande-Bretagne, devinrent plus démocratiques qu'elles ne l'avaient jamais été depuis leurs humbles débuts mille ans auparavant. Précisons que c'était au pays ; la démocratie n'est pas faite pour les empires.

31. Voir Francis Fukuyama, *La Fin de l'histoire et le dernier homme*, Paris, Flammarion, 1992.

32. Publié en 1898, le roman de Wells est une satire sur les Britanniques à l'apogée de leur empire ; les grands colonisateurs se trouvent soudainement surclassés par des conquérants de l'espace. Wells a néanmoins décidé de donner à l'histoire un dénouement heureux, car dans ce cas, la maladie œuvre à l'encontre plutôt qu'en faveur des envahisseurs.

33. Le serpent persuade Ève de goûter le fruit de l'arbre de la connaissance (ou de la vie) en lui affirmant « Vos yeux s'ouvriront et vous serez comme des dieux. »

34. Le texte du Popol Vuh, écrit en quiché à l'aide de l'alphabet romain, provient des hautes terres du Guatemala au XVIe siècle, mais inclut une mythologie qui remonte à la période classique. Il se peut que certaines parties aient été transcrites de glyphes précolombiens. Il est tentant de penser que la parabole d'avertissement de la « Rébellion des ustensiles » fait écho à la chute des Mayas classiques au IXe siècle.

35. *Popol Vuh – le livre du temps – Histoire sacrée des mayas quichés*, présenté et traduit par Pierre Des

Ruisseaux en collaboration avec Daisy Amaya, Paris, Le Castor astral, 1993, p. 58-59.

36. Tiré du portrait que dresse Dickens de « Coketown » dans *Les Temps difficiles*, 1854, traduction d'Andhrée Vaillant, Paris, Gallimard, 1956, p. 1027 : « C'était une ville de machines et de hautes cheminées d'où s'échappaient inlassablement, éternellement, des serpents de fumée qui ne se déroulaient jamais tout à fait. Elle avait un canal noir, et une rivière qui roulait ses eaux empourprées par de puantes teintures, et de vastes constructions criblées de fenêtres qui vibraient et tremblaient tout le long du jour et où le piston des machines à vapeur montait et descendait monotonement comme la tête d'un éléphant fou de mélancolie. Elle comptait plusieurs larges rues toutes fort semblables les unes aux autres, et beaucoup de petites rues encore plus semblables les unes aux autres, peuplées de gens également semblables les uns aux autres, qui tous sortaient et rentraient aux mêmes heures, en marchant du même pas sur le même trottoir, pour aller faire le même travail, et pour qui chaque journée était semblable à celle de la veille et à celle du lendemain. »

37. Extrait de *Coningsby*, publié en 1844.

38. En 1890, les dépenses annuelles des grandes puissances européennes en armement étaient de 158 millions £ ; elles sont passées à 288 millions £ en 1910 et à 397 millions £ en 1914. Voir Eric Hobsbawm, *The Age of Empire, 1875-1914*, New York, Random House, 1987, p. 350. La pièce d'Ibsen, *Un ennemi du peuple*, écrite en 1882 au sujet de l'eau polluée et des pratiques civiles corrompues, est l'une des premières œuvres environnementales. Voir Henrik Ibsen, *Les Douze dernières pièces (Un ennemi du peuple)*, traduit par Terje Sinding, Paris, Imprimerie nationale, 2003.

39. Certaines estimations de la Grande Guerre font état de 15 à 20 millions de morts. La pandémie de grippe, qui

a sans doute incubé dans les tranchées et les hôpitaux de campagne, a fait de 20 à 40 millions de victimes supplémentaires dans le monde.

40. Les estimations des victimes des deux guerres mondiales, y compris les victimes de la famine, des massacres et des persécutions, atteignent les 187 millions. Voir Martin Rees, *Our Final Century: Will the Human Race Survive the Twenty-First Century?*, Londres, Heinemann, 2003, p. 25. Le livre est paru en Amérique du Nord sous le titre *Our Final Hour*.

41. Techniquement, la maladie de la vache folle est l'encéphalopathie spongiforme bovine ou ESB. Il est maintenant établi que les humains peuvent attraper la variante humaine de l'ESB, la maladie de Creutzfeldt-Jakob, en consommant de la viande contaminée, surtout si elle contient des tissus du cerveau ou de la moelle épinière, lesquels étaient souvent utilisés comme liants dans les hamburgers et les pâtés à la viande. Ce type de maladie, notamment la tremblante du mouton et le *kuru* chez les Néo-Guinéens pratiquant le cannibalisme rituel, n'est ni viral ni bactérien, et ne peut être détruit par les procédés habituels de stérilisation. Bien qu'on ne la connaisse pas à fond, on pense que la maladie de la vache folle est causée par une particule protéique autoreproductrice qu'on appelle prion. On croit que la période d'incubation chez les humains est longue, pouvant durer de quelques années à trente ans.

42. Ronald Wright, *A Scientific Romance*, Londres, Anchor, 1997, chap. 4.

43. D'après un article de l'Agence France Presse, repris dans le *Globe and Mail* du 24 mars 2004.

44. Margaret Atwood, *Oryx and Crake*, Toronto, McClelland and Stewart, 2003, chap. 6.

45. Les Américains semblent élire de tels gens au moins une fois par génération (encore qu'on ne puisse guère

les blâmer d'avoir véritablement élu George W. Bush en 2000). Comme Bush dans le cas de l'accord de Kyoto, Reagan a refusé de signer la *Convention sur le droit de la mer*, condamnant ainsi le monde à endurer des décennies de plus de pétroliers dangereux, de dumping toxique, de surpêche et d'exploitation des marins à bord de navires immatriculés sous des pavillons de complaisance, comme celui du Libéria.

46. Une bonne partie de la destruction environnementale dans les deux systèmes depuis 1945 a été causée par la course à l'armement pendant la guerre froide. Sans cela, les deux auraient pu se montrer plus indulgents pour leur environnement (et plus tendres pour les gens qu'ils dominaient). L'opinion d'Engels voulant que « la productivité de la terre peut augmenter indéfiniment avec le capital, la main-d'œuvre et la science » (cité dans Clive Ponting, *A Green History of the World : The Environment and the Collapse of Great Civilizations*, Londres, Sinclair-Stevenson, 1991, p. 158) aurait aussi bien pu venir de la bouche d'un capitaliste convaincu. Cet optimisme du XIXe siècle, né à une époque où le monde naturel était encore vaste et l'impact humain moins d'un cinquantième de ce qu'il est à présent, est à la racine de l'impasse dans laquelle nous nous trouvons en ce moment.

47. On a constaté que les lacs des Rocheuses sont plus contaminés par les pesticides que ne le sont les prairies où se produisent les arrosages. La même chose s'applique aux pôles. Les polluants se répandent dans l'atmosphère et se condensent dans les endroits froids et la nature « vierge ».

48. Tainter, *Complex Societies*, p. 214. Tainter est un archéologue. On pourrait objecter que ses yeux sont trop fermement fixés sur le rétroviseur. C'est ce que diront les chefs de claque du progrès, car la croyance en un « exceptionnalisme » moderne — les anciennes

règles ne sachant s'appliquer à nous — est la clef de voûte de leur incrédulité face aux limites. Mais un nombre croissant de praticiens des sciences exactes commence à partager les inquiétudes des archéologues, des écologistes et des satiristes.

49. Selon la presse, ce rapport a été commandé par Andrew Marshall, conseiller de longue date du Pentagone (*Globe and Mail*, 24 février 2004, renvoyant à des articles parus dans les revues *Observer* et *Fortune*). Depuis Rio, les années 1990 ont surclassé les années 1980 en tant que décennie la plus chaude, et l'été de 2003 en Europe a été le plus chaud jamais enregistré.

50. Rees, *Our Final Century*, p. 8-24. Il ajoute : « Nos choix et nos actions pourraient assurer l'avenir perpétuel de la vie [...]. Ou, au contraire, que ce soit par mauvaise intention ou par mésaventure, la technologie du XXIe siècle pourrait compromettre le potentiel de la vie. » Rees est particulièrement inquiet des conséquences des technologies potentiellement indésirables, notamment le génie biologique, la nanotechnologie, la cybernétique et certaines expériences « apocalyptiques » aux frontières de la physique. À titre d'astronome, il préconise d'établir dès que possible une petite colonie humaine dans l'espace afin de donner à la vie intelligente une seconde chance si les choses tournent mal. Mais si nous ruinons la terre, sommes-nous intelligents ? Et pourquoi mériterions-nous une seconde chance ?

51. Les sources américaines et soviétiques déclassifiées sur la crise des missiles de Cuba, et des déclarations de ceux qui y ont participé, nous révèlent que le monde est venu bien plus près de la guerre nucléaire qu'on ne l'a pensé à l'époque. Robert McNamara, qui était alors secrétaire de la Défense, a écrit : « Nous sommes passés à un cheveu sans le réaliser. » Voir *Ibid.*, p. 25-28.

204 · *Brève histoire du progrès*

52. Par suite de règlements judiciaires controversés aux
    États-Unis, des entreprises de biotechnologie et d'agri-
    négoce ont déposé des brevets sur certaines cultures (et
    même sur des animaux) dont elles revendiquent la
    « création ». En réalité, pas un seul aliment nouveau
    n'a été mis au point à partir d'une plante sauvage
    depuis les temps préhistoriques. Toute notre science
    agricole — qu'il s'agisse de croisement sélectif ou de
    manipulation génétique — n'est que l'enchaînement
    de l'œuvre des anciennes civilisations. La recherche
    appropriée devrait être récompensée, mais si nous
    devons accorder des droits de propriété privée sur des
    aliments de base anciens, alors les redevances devraient
    être versées aux héritiers des vrais inventeurs, dont la
    plupart sont de pauvres paysans qui ont beaucoup plus
    besoin d'argent que Monsanto. Quoi d'étonnant à ce
    que les pays pauvres soient méfiants face aux motifs
    des pays riches dans la promotion enthousiaste des
    aliments hybrides et transgéniques qui menacent de
    contaminer et de détruire la diversité des cultures
    dans l'intérieur des terres agricoles anciennes.

53. L'ex-secrétaire d'État américain Colin Powell a dit que
    le SIDA était une menace bien plus grave que le ter-
    rorisme.

54. À cause de la carence en iode chez la mère pendant la
    grossesse. Ces chiffres proviennent de l'Initiative
    pour les micronutriments, Ottawa, et ont été cités dans
    l'article « Hidden Hunger' Weakens Physical,
    Economic Health » d'André Picard, paru dans le *Globe
    and Mail*, 25 mars 2004. Les statistiques sur les vic-
    times de l'eau sont tirées de Ponting, *A Green History*,
    p. 351.

55. Compte tenu des victimes des deux guerres et de la
    Révolution russe.

56. Nombre de ces politiques ont été élaborées dans le
    cadre des accords de Bretton Woods de 1944, sous

l'influence de John Maynard Keynes. Des formes antérieures de protection sociale étaient déjà en place, notamment le *New Deal* de Franklin D. Roosevelt. L'époque de l'après-guerre, des années 1950 aux années 1970, a été surnommée « l'Âge d'or » par l'historien Eric Hobsbawm dans son examen magistral du XXᵉ siècle, *The Age of Extremes : A History of the World 1914-1991*, Londres, Michael Joseph, 1994. Margaret MacMillan fait remarquer que la mise en œuvre accélérée du Plan Marshall dans l'après-guerre a été stimulée par la menace provenant « d'un seul ennemi évident [...] l'Union soviétique ». MacMillan, *Paris 1919 : Six Months That Changed the World*, New York, Random House, 2001, p. 61.

57. John Kenneth Galbraith, dans une conférence au Harvard Club de Toronto, 1994.

58. Surtout depuis le *Krach* de Wall Street en 1929. L'une des meilleures descriptions des conditions de la Grande Crise qui a suivi se trouve dans James Agee et Walker Evans, *Let Us Now Praise Famous Men*, New York, Ballantine, 1966. On blâme souvent la sécheresse pour les conditions qui ont sévi pendant les années 1930 (le bol de poussière américain), mais leur gravité et les énormes pertes causées par l'érosion étaient surtout le résultat de mauvaises pratiques agricoles dans des milieux impropres. Il vaut mieux laisser les grandes prairies aux bisons, qui pourraient sans doute nous fournir autant de nourriture que nous en obtenons des cultures, si des troupeaux sauvages ou à demi sauvages étaient efficacement gérés. Voir notamment Manning, « The Oil We Eat ».

59. Entre 1950 et la fin des années 1970, la mendicité et l'itinérance étaient presque inconnues dans les pays industrialisés. La conséquence pratique de la déréglementation a été le retour au darwinisme social — une perversion de la pensée évolutionniste de la fin de

l'époque victorienne soutenant que les pauvres sont pauvres parce qu'ils sont inférieurs, et que la meilleure chose pour le progrès de la race humaine est de les laisser mourir dans la rue.

60. En 1900, le monde possédait encore des forêts et des pêcheries intactes, des réserves de pétrole non exploitées, un potentiel hydroélectrique non utilisé et de vastes étendues de terres agricoles en parfait état. La somme de terres agricoles par personne a décliné de 20 pour cent dans les dix dernières années. La production est maintenue par des techniques industrielles qui traitent la terre comme si elle n'était rien de plus qu'un médium hydroponique pour les produits chimiques. La nappe phréatique se contamine et s'épuise. Dans le livre qu'il a publié en 1991, Clive Ponting prend à partie le Rwanda comme exemple du gouffre séparant les pays du tiers-monde des nations industrialisées, notant que le revenu moyen rwandais est le centième du revenu moyen américain. Trois ans plus tard, un million de Rwandais mouraient dans le pire génocide survenu depuis la Deuxième Guerre mondiale. Si l'on considère les victimes en tant que proportion de la population générale, cela équivaudrait à abattre 35 millions de personnes aux États-Unis. Il se peut que le XXIe siècle ait commencé au Rwanda, plutôt qu'à New York.

61. Rapport de l'indice du développement humain des Nations Unies, publié le 9 septembre 1998. Pour un sommaire des principaux résultats, voir le *Daily Telegraph*, 10 septembre 1998. Il s'agissait de Bill Gates (Microsoft), d'Helen Walton (Wal-Mart) et de Warren Buffet (investisseur), dont la fortune respective se chiffrait à 51, à 48, et à 33 milliards de dollars américains. Le rapport estime qu'un enfant qui naît aux États-Unis, en Grande-Bretagne ou en France, consommera et polluera dans sa vie plus que ne le feront 50 enfants de pays pauvres. Il estime aussi qu'en 1998, seulement

40 milliards auraient suffi pour donner aux citoyens les plus pauvres du monde la santé, l'éducation, l'eau propre et des installations d'hygiène élémentaires. À lui seul, Gates pourrait se permettre cela, et il lui resterait encore 11 milliards de dollars US; il possède aussi plus que l'ensemble des 100 millions d'Américains les plus pauvres. D'autres sources indiquent qu'aux États-Unis, le ratio entre le salaire d'un PDG et celui d'un travailleur d'atelier est monté en flèche, passant de 39 : 1 à la fin des années 1970 à 1000 : 1 aujourd'hui. Voir John Ralston Saul, « The Collapse of Globalism », dans *Harper's*, mars 2004, p. 38 et *La Civilisation inconsciente*, Paris, Payot, 1957.

62. Rapport de l'indice du développement humain des Nations Unies.

63. Il arrive parfois que de « bonnes » politiques environnementales aient l'effet contraire à celui prévu. Des scientifiques brésiliens ont signalé que, rien qu'en 2003, la forêt tropicale de l'Amazone a été réduite de 24 000 kilomètres carrés. Cette perte est en grande partie attribuable au défrichement de nouvelles terres pour y élever le bœuf et y cultiver le soja afin de répondre à la demande croissante (surtout en Europe) en aliments non modifiés génétiquement (BBC World News, 8 avril 2004).

64. Un état de choses maintenu en grande partie par la publicité de consommation dans toute son indécence.

65. Les déficits astronomiques de George W. Bush semblent conçus pour mutiler la nation américaine dans tous les domaines, sauf le militaire. Si ces déficits continuent, cela aura pour résultat de rendre l'Amérique plus semblable à l'Amérique latine, où, dans bien des cas, l'armée est effectivement la seule institution publique.

66. James Watt, parlant en 1981. Comme je l'ai noté ci-dessus, le darwinisme social prétend que les pauvres

sont inférieurs et que la meilleure chose pour la race humaine est de les laisser mourir.

67. Le procureur général de Bush, John Ashcroft, a dit : « En Amérique, il n'y a pas de roi sauf Jésus. » Voir Lewis Lapham, « Reading the Mail », dans *Harper's*, novembre 2003, p. 9.

68. Crosby, *Ecological Imperialism*, p. 92. Voir Laurie Garrett, *The Coming Plague : Newly Emerging Diseases in a World Out of Balance*, New York, Penguin, 1994, pour un survol des catastrophes médicales potentielles.

Bibliographie

ADAMS, Robert McCormick, *The Evolution of Urban Society: Early Mesopotamia and Prehispanic Mexico*, Londres, Weidenfeld & Nicholson, 1966.

_____, *Heartland of Cities: Surveys of Ancient Settlement and Land Use on the Central Floodplain of the Euphrates*, Chicago, University of Chicago Press, 1981.

AGEE, James et Walker EVANS, *Let Us Now Praise Famous Men*, New York, Ballantine, 1966. D'abord publié en 1939.

ALLCHIN, Bridget et Raymond, *The Birth of Indian Civilization*, Harmondsworth, Pelican, 1968.

ALLEY, Richard, *The Two-Mile Time Machine: Ice Cores, Abrupt Climate Change, and Our Future*, Princeton, Princeton University press, 2000.

APPENZELLER, Tim, « The End of Cheap Oil », dans *National Geographic*, juin 2004, p. 80-109.

ARENS, W., *The Man-Eating Myth: Anthropology and Anthropophagy*, New York, Oxford University Press, 1979.

ATWOOD, Margaret, *La Servante écarlate*, Paris, Robert Laffont, 2004.

_____, *Oryx and Crake*, Toronto, McClelland & Stewart, 2003.

BAHN, Paul et John FLENLEY, *Easter Island, Earth Island*, Londres, Thames & Hudson, 1992.

BOLIN, Inge, « Our Apus Are Dying ! : Glacial Retreat and Its Consequences for Life in the Andes », exposé présenté au congrès de l'American Anthropological Association, Chicago, Illinois, 19 novembre 2003.

BOTTOMORE, T. B. et Maximilien RUBEL, dir., *Karl Marx : Selected Writings in Sociology and Social Philosophy*, Harmondsworth, Pelican, 1961.

BRAUDEL, Fernand, *Civilisation matérielle, économie et capitalisme, XVe-XIIIe siècle. Les structures du quotidien*, Paris, Armand Colin, 2000.

_____, *Civilisation matérielle, économie et capitalisme, XVe-XIIIe siècle. Les jeux de l'échange*, Paris, Armand Colin, 2000.

BRAUN, Barbara, *Pre-Columbian Art and the Post-Columbian World : Ancient American Sources of Modern Art*, New York, Harry N. Abrams, 1993.

BRODY, Hugh, *The Other Side of Eden : Hunters, Farmers and the Shaping of the World*, Vancouver, Douglas & McIntyre, 2000.

BROTHERSON, Gordon, *Book of the Fourth World : Reading the Native Americas through Their Literature*, Cambridge, Cambridge University Press, 1992.

BUTLER, Samuel, *Erewhon*, 1872. Réédition, Harmondsworth, Penguin, 1970.

CHANG, Kwang-Chih, *Early Chinese Civilization : Anthropological Perspectives*, Cambridge, Harvard University Press, 1976.

CHILDE, Gordon, *New Light on the Most Ancient East*, Londres, Routledge & Kegan Paul, 1954.

_____, *What Happened in History*, Harmondsworth, Pelican, 1964.

CHUA, Amy, *World on Fire : How Exporting Free Market Democracy Breeds Ethnic Hatred and Global Instability*, New York, Anchor, 2004.

CLARKE, Peter, *Hope and Glory : Britain 1900-1990*, Londres, Penguin, 1996.

CLENDINNEN, Inga, *Aztecs: An Interpretation*, Cambridge, Cambridge University Press, 1991.

_____, *Reading the Holocaust*, Melbourne, Text, 1998.

COE, Michael D., *The Maya*, Londres, Thames & Hudson, 1987.

_____, *Breaking the Maya Code*, Londres, Thames & Hudson, 1992.

COETZEE, J. M., *En attendant les barbares*, traduit de l'anglais par Sophie Mayoux, Paris, Le Seuil, 1987.

COHEN, Mark Nathan, *The Food Crisis in Prehistory: Overpopulation and the Origins of Agriculture*, New Haven, Yale University Press, 1977.

CONRAD, Geoffrey W. et Arthur A. DEMAREST, *Religion and Empire*, Cambridge, Cambridge University Press, 1984.

CONRAD, Joseph, *L'Agent secret*, traduit de l'anglais par H. D. Havray, Paris, Mercure de France, 1962.

CROSBY, Alfred, *The Columbian Exchange: Biological and Cultural Consequences of 1492*, Westport, Greenwood Press, 1972.

_____, *Ecological Imperialism: The Biological Expansion of Europe 900-1900*, Cambridge, Cambridge University Press, 1986.

CULBERT, T. Patrick et Don S. RICE, dir., *Precolumbian Population History in the Maya Lowlands*, Albuquerque, University of New Mexico Press, 1990.

DANIEL, Glyn, *The Idea of Prehistory*, Harmondsworth, Pelican, 1962.

DAVIS, Wade, *One River: Explorations and Discoveries in the Amazon Rain Forest*, New York, Simon & Schuster, 1996.

DAWS, Gavan, *A Dream of Islands*, Honolulu, Mutual Publishing, 1980.

DENEVAN, William, « The Pristine Myth: The Landscape of the Americas in 1492 », dans Karl Butzer, dir., *The Americas Before and After Columbus*, Oxford, Blackwell, 1992.

DIAMOND, Jared, *Guns, Germs, and Steel: The Fates of Human Societies*, New York, W.W. Norton, 1997.

DICKENS, Charles, *Les Temps difficiles*, 1854, traduction d'Andhrée Vaillant, Paris, Gallimard, 1956.

DILLEHAY, Tom D., dir., *Monte Verde: A Late Pleistocene Settlement in Chile*, Washington DC, Smithsonian Books, 1989.

EDWARDS, Clinton R., « Possibilities of Pre-Columbian Maritime Contacts among New World Civilizations », dans J. C. Kelley et C L. Riley, dir., *Pre-Columbian Contact within Nuclear America*, Carbondale, University Southern Illinois University Press, 1969.

EISELEY, Loren, *The Invisible Pyramid*, New York, Scribner's, 1970.

_____, *The Star Thrower*, New York, Harcourt Brace Jovanovich, 1978.

FISHER, W. B., *The Middle East: A Physical, Social and Regional Geography*, Londres, Methuen, 1978.

FLANNERY, Tim, *The Future Eaters: An Ecological History of the Australasian Lands and People*, New York, Braziller, 1995.

FOWLER, Melvin, « A Pre-Columbian Urban Center on the Mississippi », dans *Scientific American* 23, n° 2, août 1975, p. 92-101.

FRYE, Northrop, « Humanities in a New World », dans *Three Lectures by Northrop Frye, Clyde Kluckhohn et V.B. Wigglesworth*, Toronto, Toronto University Press, 1958.

FUKUYAMA, Francis, *La Fin de l'histoire et le dernier homme*, Paris, Flammarion, 1992.

GALEANO, Eduardo, « Did History Lie When it Promised Peace and Progress ? », dans Jonathan Field *et al.*, dir., *Guatemala in Rebellion: Unfinished History*, New York, Grove, 1983.

GARRETT, Laurie, *The Coming Plague: Newly Emerging Diseases in A World Out of Balance*, New York, Penguin, 1994.

GIBBON, Edward, *L'Histoire du déclin et de la chute de l'empire romain*, trad. de l'anglais par M. F. Guizot, Paris, Robert Laffont, 2000.

GOETZ, Delia, Sylvanus MORLEY et Adrián RECINOS, trad., *Popol Vuh, The Sacred Book of the Ancient Maya*, Norman, University of Oklahoma, 1992.

GOLDING, William, *Les Héritiers*, traduit de l'anglais par Marie-Lise Marlière, Paris, Gallimard, 1968.

_____, *Chris Martin*, traduit de l'anglais par Marie-Lise Marlière, Paris, Gallimard, 1960.

GORST, Martin, *Measuring Eternity: The Search for the Beginning of Time*, New York, Broadway Books, 2001.

GOUDIE, Andrew, *The Human Impact on the Natural Environment*, Oxford, Blackwell, 2000.

GRADY, Wayne, *The Quiet Limit of the World: A Journey to the North Pole to Investigate Global Warming*, Toronto, Macfarlane Walter & Ross, 1997.

HARLAN, Jack R., *Crops and Man*, Madison, American Society of Agronomy, Crop Science Society of America, 1992.

HARTH, Erich, *Dawn of a Millennium: Beyond Evolution and Culture*, Londres, Penguin, 1990.

HEINTZMAN, Andrew et Evan SOLOMON, dir., *Fueling the Future: How the Battle Over Energy is Changing Everything*, Toronto, House of Anansi, 2003.

HEMMING, John, *The Conquest of the Incas*, Harmondsworth, Penguin, 1983.

HENRY, Donald, *et al.*, « Human Behavioral Organization in the Middle Paleolithic: Were Neanderthals Different? », dans *American Anthropologist*, 106, n° 1, mars 2004, p. 17-31.

HEYERDAHL, Thor, « Guara Navigation: Indigenous Sailing off the Andean Coast », dans *Southwestern Journal of Anthropology*, 13, n° 2, 1957.

_____, *Sea Routes to Polynesia*, Londres, Allen & Unwin, 1968.

HEYERDAHL, Thor et Arne SKJOLSVOLD, « Archaeological Evidence of Pre-Spanish Visits to the Galápagos Islands », dans *Memoirs of the Society for American Archaeology*, nº 12, 1956.

HOBAN, Russell, *Riddley Walker*, Londres, Jonathan Cape, 1980.

HOBSBAWN, Eric, *The Age of Empire, 1875-1914*, New York, Random House, 1987.

_____, *The Age of Extremes : A History of the World 1914-1991*, Londres, Michael Joseph, 1994.

HOMER-DIXON, Thomas, *The Ingenuity Gap : How Can We Solve the Problems of the Future ?*, Toronto, Alfred Knopf, 2000.

HOSLER, Dorothy, « Ancient West Mexican Metallurgy : South and Central American Origins and West Mexican Transformations », dans *American Anthropologist*, 90, nº 4, 1988, p. 832-855.

HOWELLS, William, *Mankind in the Making : The Story of Human Evolution*, Londres, Secker & Warburg, 1960.

HUXLEY, Aldous, *Le Meilleur des mondes*, traduit de l'anglais par Jules Castier, Paris, Presses Pocket, 1932.

_____, *Beyond the Mexique Bay*, Londres, Paladin, 1984, publié initialement en 1934.

IBSEN, Henrik, *Les Douze dernières pièces (Un ennemi du peuple)*, traduit par Terje Sinding, Paris, Imprimerie nationale, 2003.

JACOBS, Jane, *The Economy of Cities*, New York, Random House, 1969.

_____, *Dark Age Ahead*, Toronto, Random House, 2004.

JAY, Nancy, *Throughout Your Generations Forever : Sacrifice, Religion, and Paternity*, Chicago, University of Chicago Press, 1992.

JENNINGS, Francis, *The Invasion of America : Indians, Colonialism, and the Cant of Conquest*, New York, W. W. Norton, 1976.

KELLEY, David, H., *Deciphering the Maya Script*, Austin, University of Texas, 1976.

KOLATA, Alan, *Tiwanaku and Its Hinterland: Archaeology and Paleoecology of an Andean Civilization*, Washington DC, Smithsonian Books, 1996.

LANNING, Edward, *Peru before the Incas*, Englewood Cliffs, Prentice-Hall, 1967.

LAPHAM, Lewis, « Reading the Mail », dans *Harper's*, novembre 2003, p. 9-11.

LEAKEY, Richard et Roger LEWIN, *Origins Reconsidered: In Search of What Makes Us Human*, New York, Doubleday, 1992.

LEE, Richard, *The Dobe! Kung*, New York, Holt Rinehart & Winston, 1984.

LESLIE, John, *The End of the World: The Science and Ethics of Human Extinction*, Londres, Routledge, 1998.

LIMERICK, Patricia Nelson, *Something in the Soil: Legacies and Reckonings in the New West*, New York, W. W. Norton, 2000.

LINDQVIST, Sven, *Exterminez toutes ces brutes*, traduit du suédois par Alain Gnaedig, Paris, Le Serpent à plumes, 1998.

LIVINGSTON, John A., *Rogue Primate: An Exploration of Human Domestication*, Toronto, Key Porter, 1994.

LOVELL, W. George, *Conquest and Survival in Colonial Guatemala: A Historical Geography of the Cuchumatán Highlands 1500-1821*, 2ᵉ éd., Montréal, McGill-Queen's University Press, 1992.

_____, *A Beauty That Hurts: Life and Death in Guatemala*, Austin, University of Texas Press, 2000.

LOVELL, W. George et Christopher H. LUTZ, *Demography and Empire: A Guide to the Population History of Spanish Central America, 1500-1821*, Boulder, Westview, 1995.

LOVELL, W. George et David Cook NOBLE, dir., *Secret Judgments of God: Old World Disease in Colonial*

Spanish America, Norman, University of Oklahoma Press, 1992.

LYNAS, Mark, *High Tide: News from a Warming World*, Londres, Flamingo, 2004.

MACMILLAN, Margaret, *Paris 1919 : Six Months That Changed the World*, New York, Random House, 2001.

MALLOWAN, M. E. L., *Early Mesopotamia and Iran*, Londres, Thames & Hudson, 1965.

MALTHUS, Thomas, *Essai sur le principe de la population*, traduit de l'anglais par Pierre Theil, Paris, Seghers, 1963, publication originale en anglais, 1798, révisée en 1830, publication originale en français, 1852.

MANN, Charles, « 1491 », dans *Atlantic Monthly*, mars 2002, p. 41-53.

MANNING, Richard, « The Oil We Eat », dans *Harper's*, février 2004, p. 37-45.

MARTIN, Paul S., « Prehistoric Overkill : The Global Model », dans Paul S. Martin et Richard G. Klein, dir., *Quaternary Extinctions : A Prehistoric Revolution*, Tucson, University of Arizona Press, 1984.

MARX Karl, *La Misère de la philosophie, réponse à la Philosophie de la misère de M. Proudhon*, Paris, Union générale d'édition, 1964.

MCKIBBEN, Bill, *The End of Nature*, New York, Random House, 1989.

MCNEILL, William H., *Plagues and Peoples*, New York, Anchor, 1976.

MELLAART, James, *Earliest Civilizations of the Near East*, Londres, Thames & Hudson, 1965.

———, *Çatal Hüyük : A Neolithic Town in Anatolia*, Londres, Thames & Hudson, 1967.

MENCHÚ, Rigoberta, *Moi, Rigoberta Menchú : une vie et une voix, la révolution au Guatemala*, propos recueillis par Elizabeth Burgos, traduit de l'espagnol par Michèle Goldstein, Paris, Gallimard, 1993.

MILLONES, Luis, « The Time of the Inca : The Colonial Indians' Quest », dans *Antiquity*, n° 66, 1992, p. 204-216.

MITCHELL, Alanna, *Dancing at the Dead Sea : Tracking the World's Environment Hotspots*, Toronto, Key Porter, 2004.

MITCHELL, Timothy, « The Object of Development : America's Egypt », dans Jonathan Crush, dir., *The Power of Development*, Londres, Routledge, 1995.

MITTELSTAEDT, Martin, « Some Like It Hot », dans *The Globe and Mail*, 17 avril 2004.

_____, « The Larder Is Almost Bare », dans *The Globe and Mail*, 22 mai 2004.

MOSELEY, Michael E., *The Incas and Their Ancestors : The Archaeology of Peru*, Londres, Thames & Hudson, 1992.

MOWAT, Farley, *Sea of Slaughter*, Toronto, McClelland & Stewart, 1984.

NATIONAL RESEARCH COUNCIL, *Lost Crops of the Incas*, Washington DC, National Academy Press, 1989.

NEWHOUSE, John, *Imperial America : The Bush Assault on the World Order*, New York, Knopf, 2003.

NINIFORUK, Andrew, *The Fourth Horseman : A Short history of Epidemics, Plagues, Famine, and Other Scourges*, Toronto, Viking, 1991.

OPPENHEIM, A. Leo, *Ancient Mesopotamia : Portrait of a Dead Civilization*, nouvelle édition, Chicago, Chicago University Press, 1977.

ORLIAC, Catherine et Michel, *Des dieux regardent les étoiles. Les derniers secrets de l'île de Pâques*, Paris, Découvertes Gallimard, 1988.

ORWELL, George, *1984*, traduit de l'anglais par Amélie Audiberti, Paris, Gallimard, 2002.

OVIDE, *Amours*, traduit du latin et présenté par André Daviault et Philippe Heuzé, Paris, Payot et Rivages, 1996, Livre troisième, [section] 8.

PARDO, Luis A., dir., *Saqsaywaman* n° 1, juillet 1979, p. 144.

PIZARRO, Pedro, *Relación del Descrubimiento y Conquista de los Reinos del Perú*, édition critique de Guillermo Lohmann Villena, Lima, Universidad Catolica, 1986, écrit initialement en 1571.

POLLARD, Sidney, *The Idea of Progress: History and Society*, Londres, C. A. Watts, 1968.

PONTING, Clive, *A Green History of the World: The Environment and the Collapse of Great Civilizations*, Londres, Sinclair-Stevenson, 1991.

REDMAN, Charles, *Human Impact on Ancient Environments*, Tucson, University of Arizona Press, 1999.

REES, Martin, *Our Final Century*, Londres, William Heinemann/Random House, 2003, publié en Amérique du Nord sous le titre *Our Final Hour.*

ROGGEVEEN, Jacob, *The Journal of Jacob Roggeveen*, traduit et revu par Andrew Sharp, Oxford, Clarendon Press, 1970.

ROUTLEDGE, Katherine S., *The Mystery of Easter Island*, Londres, Sifton, Praed & Co, 1919.

SAFDIE, Moshe, *The City After the Automobile: An Architect's Vision*, Toronto, Stoddart, 1997.

SAFINA, Carl, *Song for the Blue Ocean: Encounter Along the World's Coasts and Beneath the Seas*, New York, Henry Holt/John Macrae, 1997.

SAHLINS, Marshall David, *Stone Age Economics*, Londres, Tavistock Publications, 1972.

SANDARS, N. K., *L'Épopée de Gilgamesh*, traduit et présenté par Hubert Comte, Paris, Les éditeurs français réunis, 1975.

SAUL, John Ralston, *La Civilisation inconsciente*, traduit de l'anglais par Sylviane Lamoine, Paris, Payot, 1957.

_____, « The Collapse of Globalism », dans *Harper's*, mars 2004, p. 33-43.

SCARRE, Chris, *Grand Atlas de l'archéologie*, traduit de l'anglais par Denis-Armand Canal, Paris, Larousse, 1990.

SCHELE, Linda et David FREIDEL, *A Forest of Kings: The Untold Story of the Ancient Maya*, New York, Morrow, 1990.

SCHUMACHER, E. F., *Small is Beautiful: A Study of Economics As if People Mattered*, Londres, Abacus, 1973.

SHARER, Robert J., *The Ancient Maya*, Stanford CA, Stanford University Press, 1994.

STANISH, Charles, *Ancient Titicaca: The Evolution of Complex Society in Southern Peru and Northern Bolivia*, Princeton, Princeton University Press, 2004.

STEADMAN, David, « Prehistoric Extinctions of Pacific Island Birds », dans *Science*, n° 267, février 1995, p. 1123-1131.

STRINGER, Christopher et Robin McKIE, *African Exodus: The Origins of Modern Humanity*, New York, Henry Holt/John Macrae, 1997.

TAINTER, Joseph A., *The Collapse of Complex Societies*, Cambridge, Cambridge University Press, 1988.

TATTERSALL, Ian, *The Last Neanderthal: The Rise, Success, and Mysterious Extinction of Our Closest Human Relatives*, New York, Westview Press, 1999.

TEDLOCK, Barbara, *Time and the Highland Maya*, Albuquerque, University of New Mexico Press, 1982.

THOMPSON, J. Eric S., *The Rise and Fall of Maya Civilization*, Londres, Pimlico, 1993, publié initialement en 1954.

_____, *Maya Hieroglyphic Writing*, Norman, University of Oklahoma Press, 1971.

THOREAU, Henry David, *Walden ou la vie dans les bois*, traduit de l'anglais par G. Landré-Augier, Paris, Aubier-Montaigne, 1967.

TRIGGER, Bruce, *Early Civilizations: Ancient Egypt in Context*, Le Caire, American University in Cairo Press, 1993.

TRINKAUS, Erik et Pat SHIPMAN, *The Neanderthals: Changing the Image of Mankind*, New York, Knopf, 1993.

TUDGE, Colin, *So Shall We Reap*, Londres, Allen Lane, 2003.

VIOLA, Herman et Carolyn MARGOLIS, dir., *Seeds of Change : A Quincentennial Commemoration*, Washington DC, Smithsonian Institution Press, 1991.

WALDMAN, Carl, *Atlas of the North American Indian*, New York, Facts on File, 1985.

WATSON, William, *China*, Londres, Thames & Hudson, 1961.

WEATHERFORD, Jack, *Ce que nous devons aux Indiens d'Amérique et comment ils ont transformé le monde*, traduit de l'américain par Manuel Van Thieren, Paris, Albin Michel, 1993.

_____, *Native Roots ; How the Indians Enriched America*, New York, Crown, 1991.

WEBSTER, David, *The Fall of the Ancient Maya ; Solving the Mystery of the Maya Collapse*, Londres, Thames & Hudson, 2002.

WELLS, H. G., « The Grizzly Folk », dans *Selected Short Stories*, Londres, Penguin, 1958.

WELLS, H.G., Julian HUXLEY et G. P. WELLS, *The Science of Life*, New York, Doubleday, 1929.

WENKE, Robert J., *Patterns in Prehistory*, Oxford, Oxford University Press, 1980.

WHEATLEY, Paul, *The Pivot of the Four Quarters : A Preliminary Enquiry into the Origins and Character of the Ancient Chinese City*, Edinburgh, Edinburgh University Press, 1971.

WHITE, Lynn, « The Historical Roots of Our Ecologic Crisis », dans *Science*, 155, n° 3767, mars 1967, p. 1203-1207.

WILSON, J. A., « Egypt through the New Kingdom : Civilization without Cities », dans C. H. Kraeling et Robert McCormick Adams, dir., *City Invincible*, Chicago, University of Chicago Press, 1960.

WRIGHT, Ronald, *Time Among the Maya*, Londres, Bodley Head, 1989.

_____, *Stolen Continents : Conquest and Resistance in the Americas*, Boston, Houghton Mifflin, 1992.

_____, *A Scientific Romance*, Londres, Anchor, 1997.

_____, « Civilization Is a Pyramid Scheme », dans *The Globe and Mail*, 5 août 2000.

_____, « All Hooked Up to Monkey Brains », dans *Times Literary Supplement*, 16 mai 2003.

WYNDHAM, John, *The Day of the Triffids*, Londres, Michael Joseph, 1951.

_____, *The Chrysalids*, Londres, Michael Joseph, 1955.

Constantes

Achevé d'imprimer
en février deux mille six, sur papier Enviro 100 % recyclé
sur les presses de l'imprimerie Gauvin
Gatineau, Québec